いつも
よろこんで
いるために

神野表次
Kamino Hyoji

文芸社

はじめに

人間も動物も共に満足を求めて生きています。動物の方はお腹が満たされたらそれ以上の満足感を求めることはなく、そばにいつもの獲物がいても知らぬ顔で過ごしているので、必要以上の欲を求めないようにできていると思われます。

人間の方は、必要をはるかに通り越して、自然破壊にまで及んでいます。そのため、資源の枯渇が早まるばかりです。人間は幸福を考える能力は持っていますが、その幸福がどういうものなのかをもうひとつ理解できないのか。幸福はすなわち満たされることとして、満足感の追求で生きています。

幸福と不幸、満足と不満足という言葉を混同しているからでしょう。つまり「満足をすることが幸福」であると思い込んでいる現象があり、それは幸福が正しく理解されていないということだと言えるでしょう。満足感への欲望は科学技術をもたらしますが、人類が幸福に目覚めることにはつながりません、むしろ利己主義が蔓延することになるでしょう。幸福の対照に不幸という言葉があるために、幸福が満足と不満足のレベルとして理解されているのです。

幸福は、人生の土台になって信頼と安心の絆を反映してくれる力を生み出し、「いつもよろこんでいる」ものです。不満足で悩みのある時でも、幸福は満足不満足に関係なく、「いつもよろこんでいる」ことができるようになるものです。ですから幸福は、感情や理性を超えて成立しています。

聖書によれば、神は人を神に似せて創った。そしてそれを「はなはだ良かった」と神は言われた」と書いてあります。

ところが現世の世界における人間たちの生きざまは憎しみ合い、殺し合い、様々な犯罪を飽くことなく繰り返し、果てしなくお互いを苦しめ合っています。神はそのようなことを人類の歴史に織り込まれていたのでしょうか。最後の審判で人類滅亡の時が定められているそうですが、その時、善人は天国へ、悪人は地獄の火で焼かれることになっています。ご自分で創られたので、その時まで人間に対してゲームを繰り返し、楽しんでいるのでしょうか。

相対の世界には絶対がありません。だから、上を見れば限りなく、下を見ても限りがありません。つまり人の世界は、矛盾を解決しようと必死に努力しても永遠に片付くことがないのです。結局は同じ道を繰り返して歩むことが人類の運命でしょうか。

競争社会は、より強いものが残り、競争は勝つことが目的です。武士の時代なら誰がこの国を支配できるか領地の取り合い、個人であれば宮本武蔵のように日本一を目指して誰よりも強い剣士を目指す。現代なら誰よりも強い権力を、さらに巨万の富によって保証されることを求めるのでしょう。格差社会がよりはっきりしてきます。

とりあえず庶民のできることは、人より一歩でも前を歩き、いや、たとえ半歩でも前にいれば少しは生きがいを感じられるのでしょうか。一人一人の形が違うことは素晴らしいはずなのですが、自分の形をよろこべる人があり、その真逆の人もいます。全く人は、争い合うのが当然と思えるほどに比べ合って生きています。

神はこのような社会を想定していたのかもしれませんが、全て人間の責任だと言えるでしょうか。この社会を何とか良い社会に、素晴らしい人間と互いに思えるようにと願っている人も大勢います。

しかし時代の流れは、ますます人間が利己的になるように追い詰めているのではないでしょうか。

あるいはひょっとして自分たちがただただ、便利さを求めてきた生き方、あるいは今までの常識から離れ、つまり自分から離れて全ての生き方から離れたところから考えれば、きっと良い道があるのかもしれません。

というのは、世界は未だに「人間の幸福とは何か」の答えを見つけていないからです。もしも人類が共に同じ幸福に行き着けば、あらゆる問題が問題でなくなるかもしれません。問題の答えを出すことより、問題が問題でなくなれば、問題が単なる人生ゲームの遊び道具として扱えるようになれば、それはもう、ばかばかしい戦争などしない世界が可能になるかもしれません。そんな夢を持つことができるのではないでしょうか。

幸福が明確でないと、人類の平和は成立しません。この書籍はその幸福を明確にするためのものです。読者の皆さんがご自分の常識をいったん横に置いて、混ざり気のない心で真剣にお考えいただけたらと切に願っています。

目次

※作品中に登場する人物はすべて、仮名としていますので、同名の実在する人物とは一切関係ありません。

1 ストレス

カウンセラー（以後「カ」と表記）「ストレスで疲れを感じる時、どのようにストレスを解消しておられるか。その対処法についてお話しくださいますか」

宮本「私がストレスを感じるのは、仕事が終わって帰宅した時です。玄関に入ると、もうそこには上着、汚れた靴下、カバン。子供は学校から帰ると、そこらあたりに自分の使ったものをほったらかしているんですね。子供だけではないですよ、主人も同じなんです。私も仕事で疲れて帰ったんですね。疲れているのは同じでしょう。だから自分の物ぐらい、自分で始末するというか片付けてほしいですね。それに私は、それから夕食の準備をしなければならないんですね。たまには仕事を終わって帰った時に何もかも片付いていて、すぐに食事にありつけたらどんなに楽しいことか、天国にいるような気分になれるでしょうね。でも、そんなに好きでもない料理をしなければいけません。掃除、洗濯、雑事。なんで全部女がしなければいけないんです。ストレスでいっぱいです」

川端「そうですよ。主婦業なんて、昔はそんな言葉があったけど、今はそんな古い考え方、誰が持っているんですか。男たちも家事に参加するのが当然でしょう」

宮本「そうですよね。でも、うちでは私がしないと全く誰も助けてくれません」
川端「ストをすればいいんですよ。家の中がどうにもならなくなったら、皆も空腹に耐えられなくなったら、自分のことぐらいは仕方なしにでもするようになりますよ」
宮本「川端さん宅は皆さん協力してくれているんですね」
川端「そうですよ。私の夫も結構、仕事から帰ったら何もしないタイプでしたけど、毎日喧嘩して、やってくれるまで頑張りましたもんね」
宮本「喧嘩する迫力があったら、どんなことでもできそうですね。私は気が小さいものですからイライラするばかりです。いつも仕方なく、イライラしながらでも家事をしているんです」
川端「しまいにはストレスで体を壊してしまいますよ」
宮本「そうですよね。私のできる良い方法はないでしょうか」
カ「ストレスが起こった時、イライラしている時に、よろこぶ練習をするのはいかがでしょう」

宮本「イライラして気分が悪い時に、よろこぶんですか」
川端「腹が立っている時に、あえて、よろこぶんですか。気分を良くする要素などサラサラないでしょう」
カ「常識に反しますね。だからやってみる価値があると思いますよ」
川端「我慢しながらよろこぶなんて、余計にストレスがたまるでしょう」
カ「我慢しながらよろこんだら、さらにストレスが増えるでしょうね。なので別枠でよろこぶ練習をするとよいのです」
宮本「別枠っていうのは、どういう意味ですか」
カ「常識を持ったままで物事を考えていたら、無理を通さないと問題は片付かないでしょう。ストを起こして、協力してくれるまで何もしないで頑張って待つこと、喧嘩をして自分の考えを押し通す。そうすると、自然の法則では強い方が勝ちますよね。どちらも無理を通すことができれば何とかなるのかもしれませんが、できれば気分の良い結果にできたらいいですね」
川端「習慣になってしまえば、なんてことなくなりますね。慣れるってことは大切なのでしょう」

カ「確かに慣れるってことは大切な力ですね。よろこぶことにも慣れたら、素晴らしいですね。よろこんでいることができる習慣がついたら、世の中も変わるんじゃないでしょうか」

宮本「あの……別枠と言われたことの意味は、どのように考えたらいいんですか」

カ「それです。別枠ですから日常で考えることには、とりあえず使わない、考えない。自分の常識を無視して、『生きている、命』を生きている自分に置き換える。命を自分と見なして、そして、命をもっと身近に意識するために『命、よろこんでいる』として、それが本質的な自分と信じて、『命、よろこんでいる』と唱える自己意識にしてしまう。この世の現象世界で生きてきた我々は、見える世界だけに満足感を求めて生きていますから簡単に環境に支配されてきました。ですが、『命、よろこんでいる』が自分として存在していると信じてしまえば、いつでもよろこんでいる自分でいられることになるでしょう」

川端「いつでもよろこんでいるっていうことは四六時中ってことでしょう。泣いている時も怒っている時もストレスがいっぱい溜まっている時も、たとえ病気の時でもですね。気分の良い時ならいざ知らず、いつでもよろこんでいるってことができるんでしょうか」

カ「全く、おっしゃる通りです。常識的には考えられないことです。でも『命、よろこんでいる』は『命そのもの』。ですから脳で考えることではありません。我々が喜怒哀楽を楽しめるのは生きているおかげですね。生きているのは『命そのもの』です。そして生きている力に反応して喜怒哀楽の感情が生まれるということになりますが、「命で生きている」のは当然になってしまっています。我々は自分が生きているからには満足感をもっと増やして、よろこべる生き方を求めることが、生きていることだと思い込んでいます。その状態を分かりやすく表せば、全ての人が、自分の満足感をどれほど自分のそばに引き寄せられるかという、そんな競争社会に存在している。ですが、その現象から離れて別枠で、自分は『命、よろこんでいる』と唱え、よろこんでいる習慣を育ててみませんかという提案です」

宮本「自分は何も知らなくても『命は生きている』ので、それはつまり『命、よろこんでいる』ことだと信じればいいということですか」

カ「その通りです。全ての人が、もともと人間はよろこんでいるものだということに気が付けば、誰でもよろこんでいることになるでしょう」

川端「たとえ喧嘩をしていても、『命、よろこんでいる』っていうことになるんですか」

カ「そのように信じられたら人生、いつも『命、よろこんでいる』になるんじゃないでしょうか」

宮本「全くその通りですね。『命、よろこんでいる』ことが分かれば、いつもよろこんでいる人生っていうことになりますね」

カ「その通りです。でも脳は、いつもそこにある環境に反応していきますから、満足感を追求して、いつも不満足に悩まされますね。そのままにしておくと脳はいつものように考え、ストレスを引き起こす方へ向いてしまうでしょうね。それだから、その時こそ『命、よろこんでいる』を唱えて、ストレスが気にならなくなるまで唱え続けられたら、それが習慣になり、常識になれば素晴らしいですね」

宮本「仕事が終わって自宅に帰った時、目の前に脱ぎ捨てられた上着、汚れた靴下、カバンなどがあっても、『命、よろこんでいる』を唱えて、片付けなさいということですか」

カ「イライラしたり、とにかく腹の立つような時でも、その現象を別にして、とにかく『命、よろこんでいる』を唱えて、よろこんでいる練習をするという提案です。『命、よろこんでいる』を唱えながら、そこにあるよろこべない現象を無視できたら、あとはどうなるか。その時の覚悟ができていれば良いことだし、『命、よろこんでいる』を唱えながら片付けられたらそれも良いことだし、どちらにしても『命、よろこんでいる』は『いつもよろこんでいる』自分が存在している常識を育てる訓練です」

宮本「『命、よろこんでいる』ということを唱えていれば、私はイライラしなくて済むわけですね」

カ「イライラ気分はすぐには消えませんが、『命、よろこんでいる』を唱えていることによって、イライラする気持ちより『命、よろこんでいる』を意識する方へ中心が寄っていきますから、イライラしていてもそれが気にならなくなります。だんだん上手になるとイライラする気持ちが平気になって、『命、よろこんでいる』を楽しめるようになります。結果的によろこんでいるトレーニングが上手になって、ストレスなど問題にしなくなって仕事も楽にできるようになります」

川端「自己暗示によって、自分が『よろこんでいる』と思い込むわけですね」

カ「自己暗示と思ってしまってもいいのではないでしょうか。しかし自己暗示は自分という自己が初めにあって、その自己意識によって思い込むことですから、思い込むことを貫き通せばいいわけですね。ところが人々は、『命、よろこんでいる』という事実に気付かずに、精神的や物質的なよろこびを求めて生きるのが人生と思い込んでいるのではないでしょうか。だから日頃からそれに慣らされていると思いますが、『命、よろこんでいる』は脳が考える前からすでに存在していますから、それを意識するだけでいいことになります」

宮本「いつも『命、よろこんでいる』って唱えるだけでも人生観が新しくなるように感じますね。それこそ『命、よろこんでいる』って言って、他の人にも言えるようになったら、世の中のためにもなりそうですね」

カ　「そのようにされたら、それこそ世界は変わるのではないでしょうか。自分のために生きることが、同時に人々のためになっていくのでしょうね」

川端　「インターネット時代で何もかも便利になったというのに殺伐とした社会ですね。ですから一人でも多くの人たちが『命、よろこんでいる』を唱えることができるようになれば、それだけでも結構世界平和運動になりそうですね、私もそのように頑張ります」

宮本　「ありがとうございました。まず初めに『よろこんでいる』からスタートする発想ができることはうれしいことです」

川端　「確かにそうですね。まずは初めに『よろこんでいる』なんて考えたこともなかったので結構戸惑いましたけど、かなり人生が楽になりそうですね。私も感謝します」

カ　「共に『命、よろこんでいる』を唱えて楽しみましょう、ありがとうございました」

2

脳に騙される

カ「大阪上本町六丁目、近鉄デパートのコンコースを通り抜けていたら、向こうから学生が私の方へ歩いてきている。カウンセラーとして付き合っている学生だからお互いによく知っている。その学生に気付いた私は、手を振って笑いかけた。向こうも私に気付いたのか、笑いながら手を振って返してきた。私の前に来たのに、彼の視線は私の後ろの方へ向かっている。振り返ると、向こうの方で他の学生が手を振っている。彼は私の前を素通りして向こうの学生の方に行った。友達だったのでしょう。

えー、これって何。てっきり、彼は私に手を振っていたのだろうと、私に近づいてきたのだろうと勝手に思ったが、全く自分の独り合点だったことに気付かされました。これに似たような出来事はいっぱいあると思いますが、どのように思われますか」

山下「思い込みっていうのは結果が来ないと分かりませんね。私の親は昔風の、長屋で二階建ての四戸一棟の東から三番目に住んでいました。ある日母は、たまにはということで家の風呂を使わず銭湯に行きました。銭湯から帰って居間兼茶の間にどっこいしょ、と座ってくつろいでいました。その時、隣のご主人がただいまって言いながら入ってきたのです。母は、お宅はお隣でしょうって言ったら、隣のご主人は失礼しましたって言って、いったんは玄関を出たんですね。出たんですけど、あれっ、やっぱりここは自分の家だと気付いて入り直したんです。『あのー、お宅はお隣なんですけど』『えー、なんだか変だと思いました』と、母は謝りながら我が家に帰っていったのですね。あとで笑い話になったんですけど、結構恥ずかしかったですね。これも単なる思い込みっていうことになりますね」

カ「笑い話になる思い込みなら良いコミュニケーションを楽しめるでしょうが、思い込みが宗教の世界になるとどうなるでしょうか。聖地争奪戦はアラブとイスラエルの苦しみでもありますが、イスラム教とユダヤ教の争いですね。神様のおぼしめしは仲良く暮らすことだと思うのですが」

山下「宗教は信じる世界だと思っていましたが、思い込みでも信仰は成り立つのですか」

カ「信じると思い込みは、どれほどの違いがあるでしょうか」

山下「えっ、そんなこと考えたことがなかったので。すっと理解できませんが、神仏のことを『信じる』と言いますが、『思い込んでいる』とは聞いたことがありません。思い込みは抵抗がありますね」

カ「その発想も思い込みっていうことになりませんか」

山下「そう言われると思い込みって言えないこともないですが、なじみがないと、すっきりと受け入れられないところがあるんですね」

カ「その通りですね。慣れっていうか、習慣として出来上がった言葉でしょうから、使い方というか、時や場所柄や誰に対してとか、使い分けが要るんでしょうね。いずれにせよ、絶対はないわけだから、お互いが納得できるところを求めたらいいんでしょうね」

山下「その人がどんな神や仏を信じようと自由ですから、信じるって言うのもよし、思い込みであってもそれほどの問題ではないわけですね」

カ「問題は、誰でも絶えず脳に騙されているかもしれないことに、気付いているかどうかなんですね」

山下「日頃考えないことが次々出てきますと、私はうろたえそうになりますね。ところで、脳に騙されるってどういうことですか」

カ「地球は自転していることはご存じですよね」

山下「もちろんです」

カ「でも、我々の目には太陽が東から西へ移動しているように見えませんか」

山下「あっそうか。確かにそのように見えますね。太陽の方が動いているように見ていますね。これって脳に騙されているってことですね。考えたら大変な錯覚ですけど。では、どうやって騙されないようにできるのですか」

カ「五感は必ずしも、そこにある現象が事実かどうかをしっかりと判断しているわけではありません。判断しているという保証があるかという問題です」

山下「言われてみて初めて『騙されているかも』って思える程度ですね」

カ「そのように思えることが普通でしょうね。しかし、脳にある五感の力は、目の前にある環境に反応しますね。梅干しを見ると酸っぱく感じて、何となく唾が出てくる。誰かにたたかれそうになったら思わず身をかわす。他人が自分と並んだら知らず知らずに張り合って競争してしまう、他にも警戒するとか、話したくなるとか。そこで考えてみていただきたいのですが、それらの出来事を意識するのは、脳が先でしょうか、意識が先に働くでしょうか。どちらだと思いますか」

山下「自分が考え、判断している毎日ですから、自己意識が初めにあると言えるでしょうか。ちょっと待ってくださいよ」

カ「脳が機能して自己意識が起こる、自己意識が起こって脳が機能する、に分けるとどうでしょう」

山下「そこなんですね。つい、いつもの常識で考えてしまうんですね。これも思い込みをつくる原因かもしれません」

カ「発想の仕方に変化が起こってきたのでしょうね」

山下「そうなんでしょうか。五感は脳の働きによって起動するんですよね。それによって自己意識が起こるっていうことでしょう」

山下「そのように考えると、つじつまが合うように思いますね」

カ「私もそのように考えています。自己意識はつまり、脳のありようが決めているということだとすると、全ての考えに合点がいきますね」

山下「我々は脳によって自己意識を起こしていることが、分かってきたようです。しかし、脳が『我々は』って考えることを自覚する必要があるんですか。『人類は自己意識を中心に自分の考えに従って生きている』という常識では、何か問題があるのでしょうか」

カ「百聞は一見にしかずと言うほど、見える世界からの影響は絶大ですね。つまり世界は見える現象を中心にして全てのことが動いていきます。表面だけを見ると、動いていく世界の華やかさだけに意識は向いていきますから、競争することが中心になってしまうでしょう。そうなれば強いものが勝ち、正義は勝ち残ったものになるでしょうね、そんな常識がすでにできつつあると思いませんか。脳はその方向が当然だと思い、機能していると考えますが、どうでしょうか」

山下「そんなに脳に頼むべきでないと考えると、心配ばかりしなければならないことになりませんか」

カ「心配だけなら何の利益にもなりませんね。現象の世界は、それぞれの人々が適当に生きていても何も問題を考えないで済んでいますからね。脳に騙されているという発想など、考えたこともないでしょうから仕方ないでしょうか」

山下「脳に騙されているっていう実感でもあったら、大変だ、どうしようって考えるでしょうけど、何も実感があるわけでもなし、特に実害があるわけでもなし。まあ、何とか自分の思うように生きられたら、それが一番良いわけだから、抵抗のない状態が人生になるんでしょうね」

カ「全くその通りですね。そうした社会で利益の独占もできると考えられたら、俗にいう先に言えた者勝ち、つまり権力者が好きなようにしやすい環境になりませんか」

山下「脳に騙されていることを知らずにいると、利益の独占や格差社会を許してしまいやすい環境になるってことですか」

カ「そういうことが言えるのではありませんか」

山下「脳の機能が分からないと、どうしても悪い方向が避けられませんか」

カ「人々の常識は、満足してよろこべる状態が幸福ということになっていると思います」

山下「そうです。当然ですね」

カ「自分の幸福が他人の不幸になるかもしれないと考える常識はありません。結果で考えることはあっても、まずは自己実現で希望をかなえることが生きがいですね」

山下「満足することは悪いことではないですから、誰でもそのために苦労し、努力しているいると思います。その結果が偶然に迷惑を生み出してしまうということはあるかもしれませんが、だから、そのための例えば保険などがあるので、安心して頑張れるっていうことになりませんか」

カ「直接に被害を受けない部外者はそのように言えますが、犯罪や戦争に巻き込まれるとか、国家権力で強制的にその出来事に参加させられたら逃げられないので、犠牲者になってしまう運命は避けられませんか」

山下「単なる自己満足がそこまで及んでいくでしょうか」

カ「大げさな考え方でしょうか。極端にすると分かりやすくなるので、そのようにして考えて、全ての人が同時に自己満足を得ることができるとしたらどうなるでしょうか」

山下「それができたら、ほんとに皆が幸福ですね。しかし矛盾が生じますから成り立ちませんね。無理にでもしようとしたら、世界はたちどころに破滅ですね」

カ「でしょう。満足を求める幸福は、そのような矛盾が付きまとっています。だから『幸福は不幸のはじまり』とも言うのでしょう。本当に幸福であるなら、全ての人が共に、しかも同時によろこんでいるべきだと思いますが」

山下「理想としては分かりますが、そんな不可能なことがどうしてあり得るのでしょうか」

カ「我々は日頃から、毎日の経験から積み重ねていることが基本的に常識になりますから、それから外れると不安で、非常識なことを避ける傾向がありますね。しかし幸福は、全ての人が受ける権利があるわけですから、外れることを可能にする必要があります。そのために考える努力はするべきでしょう」

山下「確かに自己中心的満足の幸福ではいけないのは分かりますが、そんな離れ業があるとは考えられませんが」

カ「いったん自分の常識を停止して、無になって考えてみませんか」

山下「無という言葉は、しばしば耳にする言葉です。神か仏とかいったイメージが出てきますけど、信仰する必要性を考えるのですか」

カ「宗教心の豊かな人は、そのような考えになるかもしれませんね。しかし、そのような常識も置いておいて、全くの無から考えてみるのです」

山下「神仏を取り去ってしまうと人間の頼るところがなくなって、それこそ何をどう考えていいのかさえ、分からなくなるのではありませんか」

カ「そこからが本当に無からの発想になると思いますけど、『命』がスタートだとしたら、考える足場ができるでしょうか」

山下「それなら『神が初めにあった』でも同じではありませんか」

K「医者は、病人がいなければ用はありませんよね。いろいろな仕事があるので、何をしてでも生活はできます、しかし医者は病気を治すことが仕事ですから、医者に頼ってくる人がいなければ存在価値はありませんよね。神様も神様に頼ってくる人々がいなければ、手持ち無沙汰になって困りませんか。この宇宙の起源は、何百億年も前、人間のかけらもなかった時代ですね。人間が存在して、ある程度の集団生活ができるようになって、それから宗教的な発想ができるようになったのですよね。命は宇宙の起源の原因、生命の起源の原因と考えることができれば、全てのことが合理的に考えやすくなりますけどね」

山下「事の初めは命からっていうことですか」

カ「はい、そのように考える方が合理的かと思いますが」

山下「医者と患者の関係と、神と人間の関係は面白いと思いますね。初めて考えることですから、脳みそがショックを感じています」

カ「しかし、科学を超えた世界ですから、『命』を見えるようにするといったことは、科学によって証明ができません。したがって、命とは何かという生命の起源の研究は、科学者の夢の追求で、苦しみであり楽しみで良いのではないでしょうか」

山下「行き着く先は何もないって寂しいことになりませんか」

カ「まだまだ分からないことがはるかに多いですから、生命の起源を求めていることが偉大な発見や発明につながるのではないでしょうか」

山下「なるほど、そのように考えれば納得できますね」

カ「やっと納得できるところがあったみたいですね」

山下「見えないものを何とか見えるようにしようとすると、満足を求める脳が働きますから仕方ありません」

カ「確かにそれは言えますね。人々は欲望を満たす満足感は求めていますが、本質的な幸福が分からないという。世界はこのような矛盾の上に成り立っていますから、同じ過ちの繰り返しになりますね」

山下「満足感は、そもそも矛盾をはらんでいるってことですね。だから本質的な幸福を改めて考える必要があるのは何となく分かってきましたが、さて肝心の幸福は何かっていうことですね」

カ「命が幸福っていうことになればと思うのですが、それがなぜかといえば、形でない命を無理やりに形にして少しでも分かりやすくするのは、神様の手を無理やりに引っ張ろうとするようなものになります。ですが、『命、よろこんでいる』

というとに合意できれば、全ての人は運命的に幸福であったと言えます」

山下「命がよろこんでいるものなら、今言われたことは、成り立ちますね。しかし命がなぜよろこんでいるって分かるのですか」

カ「常識では、よろこんでいる意識は、満足したらその結果で感じる幸福感ですね。我々が使っている言葉は、その言葉以上の意味を持ちません。しかし、何とか人間の言葉で、『満足を超えたよろこび』を表すにはどうしたらいいでしょうか。命は全ての生きるものの根源です。我々はその命があるおかげで生きることができていますね。命の存在で生かされている人間は、命に依存して生きていることは知っています。しかし、脳による認識では、自分が生きているという思いを無意識に持っています。そのように考えると命を意識していないことが分かりますね。つまり、脳はしっかり満足を求めて、より良く生きようとしていますが、命を意識していない状態であることが分かりますね。だから『生きている』という言葉を『よろこんでいる』と変えることによって、幸福というイメージができます。しかも言葉が人を創ると言いますから、そうなることを期待して、『命、よろこんでいる』とすれば、『いつもよろこんでいる』『幸福が自分』ということになるでしょう。全ての人が満足を楽しみながら、もちろん不満足をも含みますが、あらゆる常識を超えたところで、人類の究極の目的である幸福な自分として確立していることが分かるでしょう」

山下「しかし、それらのことを考えるのも脳の働きによるものではありませんか」

カ「確かに脳の働きでそのようなことを考えることができます。しかし、脳が考えるから地球が自転しているわけではありませんね。地球の自転は、脳の機能とは全く関係ないですね。しかし信じなければ分からないので信じる必要がある。これもまた、一種の矛盾です。しかし事実は、矛盾とは関係なく自転していますし、命は初めから生きているそのものでした。人はそれを共通に理解するために命と言って、少しは分かっているような気になっているのでしょう。しかも命を寿命と理解しているようです」

山下「『よろこんでいる』が分からなければ、脳は満足感を求めて、絶えず現象に右往左往してしまうということですね」

カ「そのように考えることが本質的に生きるということではありませんか」

山下「世の中の人たちの大部分は分からないでしょうね」

カ「そうかもしれませんね。それでも気が付けば、全ての人は幸福ということですね。そしてまず、自分から幸福であることを意識して、毎日『命、よろこんでいる』って言いながら過ごすことが一番必要だと思っています」

山下「皆がそのようになれば世界は平和になりますね」

カ「あなた自身が命、よろこんでいると言いながら過ごしていただくことを期待しています。とりあえず結論が出たと思いますから、今日はこれまでとしましょうか。ご協力ありがとうございました」

山下「いや、こちらこそ素晴らしいお考えをお聞きできて。本当にありがとうございました」

3

喜怒哀楽——五感（考察）

人は生きている間、五感を中心に生活しています。現象だけで全ての人は、形に支配されてしまうでしょう。

全ての人が、見えない世界はまるでないかのように生きています。しかし、見えない、何も感じない世界は確かに存在しています。見えない世界は見えない、感じない世界ですが、これは事実です。だから科学者たちは謎の世界を見える形にしようと、研究に人生をかけているのでしょう。本質は見えない世界の中にこそあり、その見えない世界があるからこそ、その上に見える現象の世界が成り立っているのです。それを考えなくとも、生活には差しさわりがないと言ってもいいほどに、日常のことには関わっていないかのように見えないし、感じていません。

落ちるという言葉の意味は、ある物が上から下に落ちるという現象を指していう言葉です。それで当然、「落ちる」が常識になっています。その常識は正しいと理解されているようです。上から下に落下しているものを見て、重力の引き寄せだと言う人は少ないでしょう。現象の世界を中心に生きている人々は、見えるものを中心に判断し、行動しています。まるで見える世界が全てとでもいうように。

そのため求める幸福は、形を求めて物質中心になります。そして、もう少しレベルを上げると、考え方を大切にする精神的な世界となります。

いずれにせよ、物質的にしても精神的にしても、その土台は「命」です。「命」は形ではなく、考え方や見方などは全く関係なく、全ての人に同一の土台です。命というと寿命と理解する考え方もありますが、寿命はそれぞれに運命的というべきか、その時間に差があります。だから同一とは言えません。したがって「命」を具体的に生きていると意識することは、ありません。

地球が自転、公転しているのは物理的なことと考えられています。「命」はさらに次元が高いのですが、物理的に考える分野です。しかし科学のゲージにはかかりません。科学的な処理ができないと、たいていの人は精神面で考えようとしてしまうでしょう。それは相対的な考え方になるので、「命」から外れてしまいます。なぜなら「命」は何かと比べる存在ではないからです。

すると、「絶対」ということをイメージすることができますが、一神教は絶対の立場をとりますが、他の一神教と比べて絶対を主張しています。比べる対象がある時は、それは相対的な存在ということになります。お互いの違いは大切にすべきです。違うからこそ、より良くなるための向上も期待できるというものです。

「命」が絶対というのは同一ということですから、皆同じであり、同時に一つですから比較できないのです。全て同じなのに、全ての個が成立しているので、比較する意味がない「絶対」が成り立ちます。

その「命」を、生きとし生けるもの全ての土台であると意識することができれば、人類共通の理解ができるようになります。人々は、自分の求めるものを求めて生きることがまるで生きがいになっています。いつの間にか、欲望を満たすことだけが人生の目的と思い込んでいるようにさえ見えます。

喜怒哀楽は人生を楽しませるものです。しかし競争に明け暮れると、喜怒哀楽は苦しみと悩みなどへ人々を引き込みます。

病気、犯罪、抗争、戦争などは、喜怒哀楽を正しく使っていない結果です。奪い合いなどせずに分け合えば、犯罪も戦争も起きないのです。しかし満足感を得ることが幸福と思い込んでいる人々が大半を占めているので、満足感の取り合いの競争になってしまいます。満足感を得ることで幸福と思い込んでいると、満足感をむさぼっていてもそれを自覚することはできません。なお、欲望が心を支配します。その先は争いや犯罪になります。なぜならば、完全な共通の理解がないからです。

形があるものは全て違いがあります。世界が一つにまとまることはできません。あまりにも違い過ぎます。しかし「命」だけは、誰も変えることはできません。全て同じです。「命」が宇宙の土台で、唯一の共通の土台ですから、その土台を共に意識することができたなら喜怒哀楽が楽しめるようになります。

とはいえ、影も形もない何かを意識することはできません。人間は命によって生きていますが、まるで自分の力で生きていると思い込んでいる人も大勢いるようです。もちろん、神仏のおかげによって生かされていると信じている人々も大勢います。それでも自分の満足感をそれぞれに求めて生きているのでは、共通の土台の上にいるとはいえません。「命があるだけでも丸儲けだ」と言えても、それはその人の考え方で、人類共通になるわけもないのです。しかし「命」は共通です。全く同じですから、同じ理解ができたら共通の土台になります。

相対的な存在の人間が、絶対の「命」を少しでもイメージしやすくするために形にしようと試みるのは大変なことです。ですが、それらの間違い、あるいは形化できないことを承知した上で、あえてお許しいただいて、「命、よろこんでいる」とさせていただくと、「生きている」ことは、「よろこんでいる」ことと同じ意味になります。

そして「命、よろこんでいる」ことこそ、人類共通の絶対幸福ということが成り立ちます。それは全ての人が、どんな生き方をしていても、どんな考えを持っていても、すでに生きていることは絶対幸福であると確信することができることになります。

寝ている時も起きている時も、たとえ何かの原因でストレスが溜まってイライラしていても絶対の幸福は変わりません。気分の悪い時には、「命、よろこんでいる」と心の中で呟いて、自分が幸福であることを確認し直すのです。日頃から「命、よろこんでいる」と唱える練習を心掛けていると、本当に幸福感を感じられるようになります。

日常の喜怒哀楽のことに気が取られやすいので、いつの間にか、「生きていることは、命、よろこんでいること」をすっかり忘れてしまうかもしれませんが、それでも絶対幸福は変わりません。しかし心は、日常の喜怒哀楽に気が向いてしまっているので、「命、よろこんでいる」意識ができない間、考えなくてもよいことを脳は考えてしまうのです。意識しない間は心配、悩み、嫉み、喜怒哀楽を楽しめなくなってしまいます。だから、いつでも幸福である自分をしっかり確立しておく必要があります。

現象の世界は望むと望まないとにかかわらず、その一人一人にべっとりとくっついてきます。

それは死ぬまでついて回るのです。不安や心配や退屈、寂しさ、時には孤立や失望……。それは、いつもかもしれません。

自殺さえ望む人が大勢いるのです。幸福、それも絶対幸福が自分であることに気付けば、喜怒哀楽に振り回されずに済みます。ましてや自殺などバカバカしいことを、なぜ考えたのか、不思議にさえ思うようになります。

全ての思いは脳から出ます。脳が考えることが行動に現れます。しかもその脳は、私が考えるためにあると思い込んでいるかもしれませんが、実は脳が私を支配しているのです。脳に支配されるなんてことを想像できないかもしれませんが、私という自己意識が何かを考える時、自己意識が考える前に脳が先に考えるのです。脳から自己意識が起こっているので、「自分が考えているもの」という思い込みが出来上がっていることさえ分からないでいるのです。

脳は喜怒哀楽を中心に、いつもよろこんでいたいと願っています。何かしていないとじっとしていることができないのです。だから寝ていても脳は何かを考えています。夢を見るのが、その表れです。だから脳は絶えず現象の世界に反応していきます。そして体がその反応を表現して、環境に関わります。その反応が、楽しみ、心配、不安、犯罪、戦争などに関わるのです。

しかし現象の世界ですから「いつもよろこんでいる」ことはできません。不可能です。その上に脳は気まぐれですから、いつ気が変わるか分かりません。気まぐれですから一日に何回変わるか分かりません。たまには、自分が日頃、何を考えているのか、頭の中を覗き込んでみるつもりになると、なんと、ほとんどはそれほど必要がないことを結構くどくど考えていることが八〇〜九〇パーセントを占めているかもしれません。本当に考えなければならないことは、ほんの五パーセント、多くて一〇パーセント。考えない方がよいこと、あるいは考えるべきでないことが、本当に考えるべきことより多いかもしれません。それほど脳は勝手に考えたいように考えているようです。

だから、いつもよろこんでいることができたらと満足感を追いかけ回しているので す。それにもかかわらず、いつもよろこびに飢え渇いているのか、簡単にテレビの宣伝に乗せられてしまうのです。人間は本当によろこんでいないと、「しなければならないこと」より、「したいこと」をしてしまいやすいのです。「したいこと」ができたら気分がよくなるからです。でも、しなければならないことが後回しになれば、あとでそのしっぺ返しがくるため、なお、よろこべなくなります。

しなければならないことを予定通りにするためには、人は本当に「よろこんでいる」ことができなければなりません。そしていつもよろこんでいることができれば、「しなければならないこと」が容易にできやすくなります。

「命、よろこんでいる」はどんな時でも、どんな気持ちであろうと考え、場所、時を超えて続いています。唱え続けることに慣れて、自然に体が「命、よろこんでいる」というまでに習慣にできたら、絶対幸福の素晴らしさが感じられるでしょう。

とになります。

「命、よろこんでいる」絶対幸福は、自分が幸福であると同時に、他の人も同じ絶対幸福です。ですから自分の幸福を意識することは、他の人の幸福も常に願っていることになります。

世界がすでに幸福なんですから、自分の国を守るとはいえ、なぜ戦争のための武器を持つ気になるでしょうか。あるいは他国に干渉する必要などなくなってくるのです。なぜなら共に同じ幸福だからです。満足感を土台にする相対幸福は、常に自分と他人を比べて幸福度を測りますから、他者を干渉せずにはいられないのです。

自分の思うようになってこそ幸福を感じる発想ですから、自分の思いを他者に押し付けて、「あなたのために考えてあげています」と言っているのですが、実は自分の欲望を満たそうとしていることに気が付かないでいるのです。

その出来事は、そこここで怒っている母親が、とにかく良い子供に育てようと必死に躾をしている場面で見ることができるでしょう。

4

気分良く過ごせたら幸せと思える？

カ　「今日は、人はたいていの場合、いつも気分良く過ごすことができればと願っているこことについて考えてみるのはいかがでしょう。ところで、悩みや苦しみは外からより中からくるものといえます。つまり、自分の中で心配事や問題を、ああでもない、こうでもないと考え続けることが、結構その人自身の苦しみになってしまうということですが、いかがでしょうか」

山田　「そうですね。言われてみれば、いろいろな悩みは自分の思いでつくり出していますね。ストレスも、物事の捉え方や考え方で生じてきますね」

川端　「確かに悩み始めると、次から次へと止めどもなく思い煩ってしまいます。本当にその通りです」

カ　「まるで悩むことや、ぼやくことが好きなんじゃないかと思えるほどに、熱心にそのことを考えてしまうようですね」

鈴木　「恥ずかしながら私なんか、ぼやき専門かもしれません。勝手に考えがぼやいてしまうんですね。ゲームばかりして勉強しない息子を見ると、もうなんで、この子は勉強しないのかとイライラしてくるんですね、イライラしても子供は勉強するわけではないのは分かっていますが、やっぱりぼやいてしまいますね」

カ「子供に好きでもない勉強をどうやってさせることができるでしょうか。子供は平気ですが、親の方が結構苦しんでしまいますね。大人の場合でも、本当に仕事を好きですることは難しいのではないですか。働かないとたちまち困るから責任上働かないといけないという思いで働いていると思いますけど、生活のことを心配する必要がなければ、無理して働くことはなくなるでしょう」

鈴木「いや、確かにそうかもしれません。全てを機械が人間に代わって、やってくれる時代が来たら、生活の心配はないにしても人間は何をしたらいいのでしょうか」

川端「もちろん、誰だってその点で思うことは、およそ一致しているのではないでしょうか。しかし何をして時を過ごすかは結構、難しい問題かもしれませんね」

カ「たとえロボットが生活の心配をなくしてくれても、なおさら人間はお互いに思い通りに生きようとするでしょうね。しかし結果は、お互いに思うように生きられない世界であることが分かるようになるでしょうね」

鈴木「やっぱり人間は、満足を求めて欲望に追われることになりそうですね。ストレスはますます増えるばかりになるっていうことですね」

川端「結局、人間の一生は、悩むためにあるっていうことになりますか」

カ「現象の世界が全てと考えたら、環境に支配されてしまうだけになるでしょうけど、いつもよろこんでいることができたら全く違う発想ができて、生きていることがそのままいつもよろこんでいることになって、常識は変わるでしょう」

山田「いつもよろこんでいるなんて人間にできるのですか。ちょっと考えにくいですね」

川端「もしそれが可能なら、ぼやく必要がなくなるかもしれませんね」

鈴木「ぼやくことが、ストレスを発散させる知恵になっている部分もありますから、ぼやかないっていうことが何となく寂しくなったりしないかな」

カ「ぼやくことが全くエスカレートせずにストレス発散になっているんですね」

鈴木「いや、そう言われるとちょっと困りますね。ぼやくことを正当化しているのかもしれません。他にストレスをもっと正しく昇華できれば、その方が良いですね」

山田「本当にいつもよろこんでいることができたら、それこそぼやく必要さえなくなるのではないでしょうか」

カ「こだわりがなくなりますから、自分の考えに縛られなくなるでしょうね」

川端「それができれば、随分と生きることが楽になるでしょうね。人生観がどれほど変わるかということですね」

鈴木「ぼやきが卒業できるならありがたいですね。ぼやかないでいられたら気持ちの良い生活ができるでしょう」

カ「先ほど山田さんが言われたことは、その通りですね。人間は満足と不満足を行ったり来たりしますから退屈せずに同じことを繰り返していられるとも言えるのでしょう。それだからいろいろな楽しみがある以上に、いろいろな苦しみや悩みがあるのですね。ですから現象の世界に生きている以上、環境の支配を無視できませんね。しかし、いつもよろこんでいる自分が確立できたら、環境に支配されない自由が楽しめますね」

山田「いつもよろこんでいることができるようになれば、素晴らしいっていうか、普通考えられない世界を考えることになりますね」

カ　「事の本質を考えることができるようになります」

鈴木「何といっても、まずぼやいていたことから、何か人生観が変わるほどのショックがあるとうれしいですね」

カ　「いつもよろこんでいるということがどんなことか分かるようになると、必ず人生観が変わっていることに気付かれるでしょう」

山田「人生観ですか。私の人生観は何かと言えるほど、まだ定まっていませんが、私も人生観を語れるようになりたいですね」

カ　「いつもよろこんでいることが確信できるようになると、必然的に人生観がそれに伴って変わることになります。したがって、いつもよろこんでいることが分かるかどうかに関係します」

鈴木「子供が社会に迷惑をかけないで独立して、しっかり生きていけるようになれば、それが唯一の望みでしたから、いわば子供の生き方が私の人生でもあると思っていました。ですが、それとは関係なく、人生観が新たになるのですか」

カ　「それが正確な人生観だと思います」

山田「とにかくも、自分の日頃の常識を横に置いて、改めて『いつもよろこんでいる』とはどう考えることかと思うことですね」
カ「その通りです」
川端「いつもよろこんでいる、とそのまま考えることができたら、どんな時でもよろこんでいることになりますね」
カ「その通りですね」
山田「でも普通は、喜怒哀楽の感情が絶えず働いていますから、いつもよろこんでいるっていう意識でいることは難しいでしょう」
カ「そうですね。先ほど言われたことですが、常識を離れて考えないと、おかしな話になるでしょうね」
山田「とにかく分かるかどうか、お聞かせいただいて考えてみます」
鈴木「何となく、私の直感ですけど、悟りになってしまうのじゃないかって感じるんですね」
カ「そう言われたら、そういうことになるでしょうね」

山田「誰も考えたことがないことを伝授していただくわけだから、我々生徒は少々のお礼では済まされませんよ」

カ「あっはっは、少し気楽になるように合いの手を入れていただいたのでしょうか」

山田「とんでもない、真剣に考えています」

カ「そのお覚悟なら、きっと分かってしまうでしょう」

川端「もちろん、我々は皆、その覚悟でいさせてもらっています」

カ「では質問です。山田さんは、ご自分とは何者であるか答えを持っておられますか」

山田「もちろん、先生もご承知のことですが、教師をしています。それでは答えになりませんか」

カ「そうではなく、ご自分はいったい誰でしょう」

山田「山田、山田隆です」

カ「それは、名無しの権兵衛ではこの世の世界では生活できませんから、とりあえず他者と区別するための固有名詞ですね。生まれた時の、まだ名前が付けられていなかった時の自己である自分自身を意識してみてください」

山田「今現在の自分としている山田隆を無視して、名前が付けられる以前の自己を意識するのですか。どうやったら、それができるのですか」

カ「理解ができたようですから、あとは、まだ名前が付けられていなかった自分、新しい命の自分、生まれたての自分、何と呼べばよいでしょうか」

山田「言われていることは分かります。確かにその時があって、今があるわけですから、自己の認識はできません。命っていう方が近いでしょうか」

カ「それでは自己認識ができませんね」

山田「命では自己認識にはなりませんか」

カ「自己認識ができますか」

山田「生きているのは分かりますが、自己認識はできませんね」

カ「それは生きている現象を見たり感じたり、五感によって生きていると認識しているからです。ですが実は、命で生かされている結果で認識しています。まず生きている命があって、それに反応しているにすぎません。我々はその反応を生きているると理解していますが、生きている命を認識しているわけではありません。我々は名前を持った自分がどうしたら気分良く生きられるかと、いつも考えて生きているので、生まれながらの自己を意識することはないでしょう。問題は、名前がなかった命の時代の自分を何と名付けたら意識しやすくなるかということでしょう。最も自分の核となる自己でもあり、『命、よろこんでいる』ということができればまさにいつも『よろこんでいる』ことが認識できるでしょう」

鈴木「『命、よろこんでいる』はどんな時でも、よろこんでいるっていうことですよね」

カ「その通りです。自身の気分に関係なく、『いつもよろこんでいる』もともとの自分っていうことですね」

鈴木「そうであれば、たとえ現象で生きている自分がぼやいていても『いつもよろこんでいる』ことには変わりはありませんね」

カ「その通りです。自己認識は、『命、よろこんでいる』と唱える方が良いのではないでしょうか」

鈴木「アッそうですね。『命、よろこんでいる』うん、これだ。私の人生観はこれで決まりです」

川端「鈴木さん、すごい。『命、よろこんでいる』で決まりましたね。悟ったようなものですね」

鈴木「ありがとうございます。私は幸福です」

山田「『命、よろこんでいる』は幸福とも言えるのですね」

鈴木「私は今、幸福そのものです。おかしいでしょうか」

カ「それでよろしいと思います。幸福と言えるために幸福の条件を挙げてみましょう」

その一、あなたの幸福は私の幸福

全ての人が共によろこべなければ、誰かがよろこべないなら、そのよろこびは単なる満足感になります。

その二、いつもよろこんでいる

現象の世界は喜怒哀楽が生きています。いろいろな問題があるのは当然の世界です。しかし、どんな時でも『命、よろこんでいる』を変わりなくしっかり確信していれば、迷うことなく、その問題を乗り越えていけるでしょう。

その三、無条件

どんな人も関係なく、大統領もホームレスも同じ幸福です。

その四、考え方に依存しない

全ての人は自分の考えを持っています。そして、その考えを土台にして、自分の生き方を図っています。自分の気に入った幸福感を求めています。幸福が完全であれば、考えの方の違いは調整しやすいし楽しめますが、幸福が違うと、たとえ宗教でも戦争になりやすくなります。

以上、これらの四つの条件を満たすことができなければ、その幸福は個人的幸福であり、満足感のよろこびになります。本来、満足感は楽しむためにあるのですが、満足を幸福と勘違いして追求すると競争になり、欲望が高まって留まることができなくなります。

人が考える日常の幸福、たとえどんな高度な満足感でも、この四つの条件を満たすことはできません。「命、よろこんでいる」であれば、全ての条件を満たすことができます。

いかがですか。

あなたは、どんな幸福を生きていますか。

鈴木「『命、よろこんでいる』が幸福そのものなんですね」

カ「その通りです」

山田「『命、よろこんでいる』が幸福であれば、全ての人は、もともと幸福であることが成り立ちますね。しかし、全ての人がその考え方に賛成するでしょうか」

カ「命に対する見方、捉え方はそれぞれ違いますから、命に対するイメージも違ってくるでしょうね。しかし、考え方で命は存在しているのでしょうか。第一、命は全く見えないし感じないですね。でも、確かに生きとし生けるものが命なしには存在できないことは、全ての存在の結果が証明してくれていると言えるでしょう。命の存在は事実であり、現実ですが、信じなければ全く分からないのは地球の自転と同じですね。地球が自転していることは誰でも知っているつもりですが、実際に見たことがないので信じなければ分からないでしょう。しかし人間は、自分の信じたいように信じ、考えたいように考えたいのですね。だからこの世は争いが絶えない、犯罪がなくならないということになりますね。人類共通の何かが欲しいのですが、どんなに良いアイデアを出しても世界の国々は自国が一番でありたいと願い続けていますね。人が他人より一歩でも、たとえ半歩でも前を歩いていたい思いは、個人も世界も同じですね。しかし幸福が同じであると分かれば、安心して共によろこぶことができるのではと思いますが、いかがでしょう」

山田「『命、よろこんでいる』なら、考える以前、もともとの幸福ですから人間の考え方に左右されませんね。それでも『命、よろこんでいる』を唱えられない人、自分の満足感で幸福を追求する人は、本人が気付くまで仕方ないですね」

川端「人間はそれほど、自分の思うように生きようと自分の自由を求めているということでもあるわけですね」

カ「それって自分の思いに縛られていることになりませんか」

川端「あっ……そういうことになりますね。だから初めに出た、ぼやいたり、心配したりと自分で勝手に悩んで、ストレスを製造してしまう結果になるわけですね」

カ「自分だけの悩みで終わらなくて、コメンテーターになって好き勝手な中傷をしたり、自分のことは考えないでご立派な説教をする。単なる干渉になって人を苦しめているだけに終わっていることに気付きもしない。今や、それらのことが世界をめぐって、自分の首を絞めていく結果につながる。もう少し大きな目を持たなければならないのではと思いますね。本当に自分自身が『いつもよろこんでいる』を唱えていないと、どうにかしてもっと満足したくて、欲望に引きずられていても分からない人生を過ごしているに過ぎないということではないですか」

川端「親が自分の経験を頼りにして子供に説教するのも、それと同じということが言えますね。つまり、子供が親の思う通りになってくれることで自分が満足感を得ようとしていることに気付かないわけですね」

鈴木「本当に迷惑な話で、子供も自分なりに考えているのを親の権限を振り回して、自分の不満を子供にぶっつけていたことになりますね。『命、よろこんでいる』

と唱えていることで、初めて自分の考えに捉われない自由が得られるということがよく分かりました」

山田「確かに我々は自由を求めてあれやこれやと考えてきましたが、結果は自分を縛っていたことに気付かなかったってことがようやく分かりました。私も『命、よろこんでいる』を唱える決心をします」

鈴木「山田さんも『命、よろこんでいる』を唱える決心ができて良かったですね」

山田「おかげさまで。ありがとうございました」

カ「皆さん、ご自分の幸福に気付かれて、おめでとうございます」

全員「ありがとうございました」

5

私はいつも何を思っている？（考察）

人々がその生きている間、考えることはどんなことでしょう。自分の欲望を満たそうと、より大きな満足感を求めて、その欲望は果てしなく続きます。しかし、思うようには欲望は満たされないし、不満に心が取られてしまいます。いつの間にか、そんな自分の運命について、あるいは能力を嘆いてしまうことさえあります。

これらのことを考えるのは、悩んだり、ぼやいたりする練習になっているのではないでしょうか。

悩み事や心配事などは、考えれば考えるほど、その深刻さの度合いは増していくようです。一番分かりやすい例を考えてみましょう。

一組の男女がお互いに好き合う仲になり、やがて待望の幸福な結婚へと進んだとします。恋愛の時代が終わり、お互いに本音が出せるようになると、二人の考え方の違いが明確になるでしょう。その違いが楽しい違いであれば幸福が続きます。ですが、たいていはお互いに自分の考え方を基軸にして物事を考えるようです。したがって二人は、妥協することで家庭を維持するように迫られます。妥協できる間は何とか家庭は維持できますが、我慢し続けることは大変な精神的苦痛が伴います。苦しさが増すにしたがって後悔の思いは膨張していきます。それからは、どのようにして別れるかを考え始めることもあるでしょう。

悩み、苦しみは、その人によって異なっても、精神的苦労は、外からよりも自分の内面から起こります。それを練り上げ、積み上げて、自分を苦しめる状態は自分で自分を訓練し続けていると言えるでしょう。世界も国も、社会も家庭も、それぞれ自分の考え方を中心に動いていると言えるのです。

ほとんどの交際は、妥協によって成り立っています。ですから、約束や協定や条約は、お互いの利益が相反しない間だけは維持できますが、利益がないと考えると、たちまち敵対関係になってしまいます。それはごく当然のようです。なぜ人間は、このように簡単に騙し合い、いがみ合い、憎しみ合って、殺し合いまで簡単にするのでしょう。

人間の本質は、幸福を願うというものではないでしょうか。天国や極楽を考えるのは、幸福を願っているということだと思われるのですが、幸福を求めて争い、殺し合うまでになるのは、全く矛盾していると考えられないでしょうか。なぜなら互いによろこべないと、幸福が成り立たないはずだからです。

しかし、全ての人の常識は、自分がどのように満足できるかということで幸福を測っています。お互いに満足感を比べ合って、少しでも上位な満足感を取り合っているようです。もちろん、分相応な満足で納得している人もいます。足るを知ることは、精神的には大切なことです。

しかしそれは、幸福であるとは言えない個人的な納得です。本当は、単なる満足感が幸福ではないことを、たいていの人は何となく知っていますが、現時点では世界の歴史は「幸福とは何か」を問い、迷い続けています。だからそれぞれの国々、それぞれの社会、それぞれの人々は、自分の理想とする満足感に自分の幸福を求めて、欲望におぼれている状態だと言えるでしょう。

幸福が確信できれば、満足感に振り回されることはありません。満足感を遊ぶことができるのです。しかし、満足感による幸福は、自分の満足感に依存しています。それに気付くことができないのです。

自分中心の幸福は、個人的には良くても、全ての人には通用しません。共通の仲間がいるとなおさら、自分たちの満足感を正当なものとして力を得てしまうようになります。人々はそれぞれに、希望や安心を求めて日夜努力しているはずです。しかし結果からみると、たいていの場合、人と比べてより贅沢な生活ができることを願っているようです。

金持ちになると、まずは贅沢な生活をすることが幸福に生きている証のようです。

幸福が人それぞれで違うということは、まずは自分の幸福を大切に思うのは当然でしょう。その自分の幸福を守るためには、自分の命をもかけるでしょう。そうなれば、もう立派な対立となります。戦争が起こらないで済まされるでしょうか。宗教戦争にしてもテロにしても、皆、自分の幸福を勝ち取ることが全てなのですから。そして、死んでいきながら思いっきり戦えたことに誇りをもって、「自分は幸せな戦いができた」ということになりかねません。全くの自己満足でも、その人には最高の幸せなのです。「天皇陛下万歳」と言って死んでいった人、主君のために犠牲になった人。これからの時代も、愛国心にかられ、戦争に追い立てられる可能性がないでしょうか。犠牲になるのは常に弱い立場の人たちです。命令する人たちは、人間の幸福を真面目に考えることがあったのでしょうか。

幸福とは共によろこぶことであり、いつもよろこんでいることが常識でなければ幸福ではありません。単なる満足感を幸福と思っている人間の歴史は、満足と不満足の間を行ったり来たりするだけを繰り返すのですが、幸福が何か分からなければそれも仕方のないことかもしれません。

お金と時間をより自由に使えるようになると、贅沢が一番手っ取り早い幸福の取得と捉えやすいのでしょう。さらに欲望が働いて、さらにもっとお金を集めることができるようになると、多くのしもべを持つことができるようになり、権力者にもいます。それで幸福がさらに寄ってくるという思いになる人たちが大勢います。満足を追求する世界は欲望の世界だから、もっと思いのままに自由を求めて科学文明は果てしなく発展し、地球が破滅するまで目覚めることはないのでしょう。

初めに戻れば、自分だけの幸福、つまり満足感への欲望がそのような結果をもたらすのに、そのことに思い至らないでしょうか。

もし夫婦に共通の幸福が確立していれば、妥協の生活は協力の生活へと変わることになるでしょう。幸福が確立している家庭の子供たちは、まず「いつもよろこんでいる」教育を両親から受けることができるでしょう。そうすれば「いつもよろこんでいる」ことが生活の基盤になります。

心配事や不満の多い時と、よろこんでいる時の違いを考えると、家庭の平和はどちらの時かがすぐに分かるでしょう。何か「しなければならないこと」を前にすると、不満の中にある人は、まず自分の気持ちがイライラしているので、「しなければならないこと」をする前に自分の気持ちを良くするために、自分の欲する方向へ行くでしょう。しなければならないことは後回しにしても、そうするでしょう。仕方なく、その「しなければならないこと」をするにしても、しぶしぶすることになるでしょう。

贅沢に育った子供は、何も努力せずに思う通りに動き、誰も邪魔をしません。「それはしてはいけない」と言ってくれる親さえいないのです。満足することが幸福である世界で干渉されることなく育つと、辛抱することを知らず育ってしまいます。長じて、妥協しなければならない経験が、のちに山ほどやってくることになるでしょう。

いつもよろこんでいると、「しなければならないこと」を前にした時、機嫌よくできやすいことは考えなくとも分かるはずです。だから子供の時の教育は、まず「命、よろこんでいる」ことを教える必要があるのです。

しかし、両親が幸福を確立できていなければ、「命、よろこんでいる」を子供に教育することはできません。知らなければ仕方ないということになりますが、次の世界は子供たちによって形づくられることを忘れてはならないでしょう。特に母親の子供に対する影響は誰よりも大きいものです。まさに子供の教育は母親の手の中にあると言えます。母親こそが最高の教師であるべきです。現代社会の子供や若者の親たちが「命、よろこんでいる」を知っていたら、もっとのんびり生きていける社会になっていたでしょう。

天動説が常識の世界から地動説の世界に変わるのは大変だったようですが、それぞれの満足感を幸福とする常識が、「命、よろこんでいる」を幸福とする常識に変わるのは、もっと難しいことかもしれません。

6

人間はもともと仲が良い

カ　「人間は本来的に仲良く暮らすことができるはずですが、争うことがまるで当然のことのように思っている人々が大勢います。皆さんはこの現実をどのように考えられるでしょうか。まずは大山さんからご意見をいただいてよいでしょうか」

大山「理想的にはそのような社会を望みたいですが、自然は強いものが残ってきた現実がありますから、戦いこそが生きる力だというのはおかしいですか」

畑田「自然淘汰は論じるまでもなく、まさに、それが自然ですから、生きるための戦いは避けられないでしょう。それに、弱肉強食っていう食物連鎖で地球上の生物のバランスが維持できているのでしょう」

カ　「現象的には全くその通りですね。それらは多分、運命的とでも言える現象ですが、本質的には仲良しである事実は存在していると思います。形としては見えていませんので、今のところ単なる考え方になるかもしれませんが。

どなたか『食物連鎖』と『人類は仲良しだ』とする発想が矛盾しないように整理していただけませんか」

石川「それは、かなり無理なお話になりませんか。食物連鎖は基本的に生物の存在のバランス維持だとすれば、戦うことは、それこそ運命っていうことでしょうね」

カ「人類も飽きることなく戦争に明け暮れてきましたが、おかげで地球自体もかなりのダメージを受けて、寿命にも影響があるでしょうね。戦争って破壊が目的って言えるでしょう。争いながら生きるっていうのは、つらい生き方だとは思いませんか」

畑田「戦うって、結構、楽しめるゲーム感覚もありますよね。この世界は競争社会ですから勢いもあるっていうことになるでしょう。神事にさえ喧嘩祭りがあり、闘牛あり、カブトムシの喧嘩まで楽しんでいますけどね」

カ「美人コンテストも女性の美を比べるわけですね。人間の品評会って言えなくもないですね」

畑田「それに憧れる人が、わんさといるんですね」

カ「そうなんですね。普通、兄弟や姉妹を比べ合って、気分の良いもんでしょうか」

畑田「美人コンテストに出る人たちは、身内同士の比較とは別枠にしているのでしょう」

カ　「しっかり、割り切れているんですね」
石川「自分の考え方としては、競争はいかに生きるかに関わるかっていうことで、美人コンテストは単なるショーだと思っているんですね」
畑田「美人であることでコマーシャルに使われたり、映画やファッションの世界で活躍できるでしょう。それに誰よりも美人であることは女性の憧れでしょう」
石川「あっそうか。うっかりしていました。前言は取り消します。やっぱり人間社会も競争ですね」
カ　「あっはっは～、初めから人間は仲が良かった発想は考えられない材料ばかりですね。むしろ争うことが当然のような流れになっていきますね」
大山「誰でも一生仲良く暮らせるなら、そちらの方を選ぶでしょう。しかし現実には勝てません。いつも喧嘩しているわけではないですから、仲良しの時、喧嘩もあり、いろいろな時を楽しんでいるっていうことになるでしょう」
カ　「それは良い発想ですね。相対の世界ですから、違いを楽しんでいるっていうことになりますね。しかし、いろいろな違いを認め合うことができるためにも、そもそもから仲が良かったという土台がある方が良いとは思いませんか」

大山「そもそもから仲が良かったことが成立していれば、それに越したことはないでしょうね」

石川「そのような想定ができる土台があれば理解できます。問題は、人間はもともと仲良しだったと、誰もがそう思えるかどうかではないですか」

畑田「生まれながらの性格の正反対の人でも、『そもそも仲が良かった』の発想ができるものでしょうか」

カ「皆さんは現在の現象のままでお考えを立てておられるものですから、今まで考えたことのないことになると、議論がかみ合わないままになります。一度、今までの常識を離れたところに意識を置いて考えてみてくださいませんか」

畑田「常識を超えるっていうことは、日頃考える話ではないっていうことですね。そうであれば私の好きな発想ですから、ぜひ聞かせてほしいですね」

大山「そんな内容なら私もお聞きしたいですね」

石川「うっかりして置いていかれるのは嫌ですから、私も時には日頃考えないことを

カ

考える努力もありかなって頑張ってみます」

「おやっ、いきなり常識を変える話に乗っていただくとはありがたいですね。それでは、その準備として、発想の転換の仕組みから考えてみます。仮に一から一〇〇までの数を考える時、普通は初めの一からスタートする常識があります。物事は順番があるっていうことですね。それを逆に、結果あるいは完成を一〇〇として、一〇〇の位置に立って、そこから物事を考える。初めに結論ありきって、よく聞く言葉ですね。この発想は上から見るか下から見るかの見方の違いで、相対的な見方と同じになりますね。そこで常識を変えて、一から九九までは階段がつながっていると考えてください、一〇〇は完全と考えて、いきなり次元が違う世界があります。

全く違う世界です。

人間の考える常識では、人々は仲良くして、お互いに助け合うためには自分を抑えたり相手を尊重したり妥協したり、いろいろとできる限り努力をするべきだと言われています。

その考え方に従って努力しますと、一からスタートして九九までは何とかなるかもしれませんが、そこまでの道のりは行けるとしても、その先は次元が違うので進むことができません。たとえ九九・九まで行けたとしても次元の違いは超えられないのです。むしろ常識的には三〇～四〇段まで上れば、人は素晴らしい能力があると言ってもいいでしょう。

一〇〇は完全ですから、そこに自分はすでにあると信じなければ分からないところです。

つまり人類はそもそもから一〇〇の次元に存在しているのに、現象に我々の脳は反応して、まるで喧嘩しているのが当然という思い込みが出来上がっているのではないでしょうか」

大山「人間は完全であったということですと、仲が悪かった時もあったなどと考えることもないわけでしょう。しかし、どのような努力ができるのか、もともとの自分の常識が、行くべき方向さえ考えることができないってことになりませんか」

カ「一〇〇パーセントからスタートする。そこから考えるとすれば、何が一〇〇なのかと考える必要がありませんか」

畑田「なるほど。一〇〇パーセント、つまり完全とは何か、というところから考えるということですね」

石川「完全とは何かっていう答えはあるのですか」

カ「完全とは全てに当てはまり、全てに対しては違っています。つまり形では表せない、比べられない、比べられないから同一って言えるでしょうか。時間や空間を超えていますから、そうだと言えるでしょう。宇宙の果てがあろうがなかろうが、果てしなく全てに及んでいて、常にここにあるって表現できます。しかし、形はないので、私を含めて誰もこれを理解できないでしょう。ただ全てのものの原因だろうと推理することしかできません。

我々が生まれる前から地球は自転していたし、あらゆる見えない世界もすでにあった。人々は知識を段階的に広げてきて、いろいろな見えない世界があることを知ることができましたが、それらは科学の力が及ばない先から存在していました。形を中心に生きている世界で、見えない世界がどうなのかを知るには、まだまだ時間のかかることです。しかし、見える世界があれば、当然見えない世界もあるでしょう。相対の世界だからです。その両方を超えてすでに完全があった。有る無しの表現はおかしいのですが、特別な言葉がないので、とりあえずこんな粗末な表現になってしまうと思います」

大山「やっぱり難しいですね。見えなくとも、あるものはあるということは分かります。しかし完全なんて、どうやって理解することができるのでしょう」

カ「肉眼では見えなくても、形あるものは存在していると言えるのは分かるでしょう」

大山「見えている世界は、見えない世界を土台にして存在しているっていうことですね」

カ「そのように考えることができるでしょう」

畑田「見えなくてもあるものがあるっていうことは分かりますが、完全になると話は別ですからね」

石川「そこですよ。神様、仏様っていうことと同じでしょう」

カ　「神仏でも、人間はそもそもから仲良しだったと考えられるなら、それでも良いかもしれませんね」

石川「そもそもから人間は仲良しだったとすれば、なぜ、どっちが上かなんて神様の比べ合いがあったり、宗教戦争があったり、イスラムの過激派集団のように戦争を好むのでしょうか」

カ　「そうなんですね。完全の世界に戦争など関係ないですよね。しかし『命』なら生きとし生けるもの全て同じと言えるでしょう」

畑田「命が同一でも、長生きするものと短命なものの違いの説明が必要ですね」

カ　「もともとの命から全てのものが始まった。もちろん寿命も含めます。と考えると理屈的にはすっきりすると思いませんか」

畑田「すると、命と寿命は区別するわけですね。そもそも命があって、それから寿命が起こった、ということですね」

カ　「そのように考える方が、より合理的かと思いますけど」

畑田「すると長寿と短命は、寿命に属するわけですね」

カ　「そうです。それぞれの生き物はそれぞれの形がありますから、その生態に従った生き方があり、寿命が運命的に決まっているようですね。これは時間的な形と考えられるでしょう」

畑田　「なるほど、すっきりしますね」

大山　「そもそもが、命からスタートしているとすれば、命＝完全ということになると考えるべきかもしれません。影も形もない、という状態から、生きとし生けるもの全ての命は全く同じだというのですね」

カ　「寿命は何年生きるかという形があり、体の形も違いますが、それらの全ての土台は全く同じ命と考えるべきかと思います」

畑田　「我々は常日頃、快適な生活をし、安心して暮らせることができれば幸福かなって考えていましたが、『生きている』っていうのは、日常のことを考える前に考えることですね」

大山　「何にも考えることがないところから始めよって感じですね」

石川　「大山さん、すんなり、すっとそこから考えられますか」

大山「正直言って、そうするより仕方ないって感じですね」

畑田「そうなんですね。『我思うゆえに我あり』と思う以前に、『命、つまり、生きている』があるっていうことですよ」

カ「皆さん、全くその通りです。実にシンプルなことなんですね」

畑田「でも、やっぱり、我思わないとシンプルにはならないと思ってしまいますね」

カ「そうですね。我々は常に見える世界で生きていて、自分の考えることから全てが始まるっていう常識がありますから、その常識から離れることを信じないと、分かったことにはならないかもしれませんね」

大山「生きている事実は理解できても、感覚的に何も感じないでしょう。だから感情がすんなり付いていかないんですね」

カ「もうすでに原点には立っておられることになると思いますから、『生きている』を『命、よろこんでいる』ということにすれば、単に生きていることと『命＝生きている』の区別がはっきりして、感覚的になじみやすくなると思いますけど、思い切って、『命、よろこんでいる』って信じてみたら、きっと楽しくなりますよ」

大山「『生きている』っていうのを『命、よろこんでいる』って言い換えるのですか」

カ「そうです。『命』は全ての原因ですけど形がないので、『生きている』ことを『命』という言葉にして分かったようにしたと推理できるでしょう。全く影も形もない『何か』ですが、確かに生きとし生けるものがいる結果から、我々人間も含めて生きているのは厳然とした事実です。やっぱり信じないと何も分からないですから、何とか人類が共通の理解を求めて、特に『命、よろこんでいる』という言葉が成立していれば、人類は仲良くすることが当然になるでしょう」

石川「人は生きていることが、そもそも『命、よろこんでいる』って素直に信じたら、私は幸福だと成り立ちますね」

カ「まさにその通りです。人類は初めから『命、よろこんでいる』が運命的だったのですが、形の世界では環境中心に生きている結果、環境に支配されていてもそれに慣れて、それが当然という思い込みが分からないままになっているだけなんだと思いますね」

畑田「しかしいきなり、これまでの常識をかなぐり捨てて、『命、よろこんでいる』

自分って信じるわけですから、今までの生きてきた経験を全てパーにするわけでしょう。かなり思い切った考え方をしないと分からないですね」

カ「本当にシンプルに考えれば、そもそもからの『命、よろこんでいる』が人類ってことですね。いろいろな生き方があって、それぞれの自由がある。それらとは区別して、全く独立している『命、よろこんでいる』ことが我々自身であり、同時に完全な幸福が我々自身でもあると信じることです」

石川「そもそもが幸福なら、それだけでも人類は仲良く過ごせるでしょう。私はシンプルに『命、よろこんでいる』っていう自分を生きる決心はもうできていますね」

畑田「普通はつまり、常識の発想で考える人間関係では、お互い思いやって、仲良くなるように努力しましょうって考えるわけでしょう。お互いに自我をできるだけ抑えてね。話せば分かるっていう期待のもとに妥協をしていくわけでしょう。でも、いつまでも合わせていくなんて結構、無理しないとね。だから続かないってことですね。人類が同じ過ちを繰り返すのも、原点が違うところからスタートしているからでしょう。『命、よろこんでいる』なら、そもそもからのスタートでしょう。みんな『命、よろこんでいる』なら、自分の考え方なんて関係のないところから始まっているという土台があっての話でしょう。これは行けるって思いますね」

大山「なるほど。そういうわけで、人々が気付きさえすれば、仲良くする努力は要らないってわけですね」

カ「ついでにちょっと考えていただくとすれば、自分から他人に近づいていく努力、つまり、人に好かれるように努力するとか、自分から人を好きになろうと思うより、そもそもから自分はどの人からも好かれていると信じる方が、はるかに心配しなくて過ごせるっていうことが分かると思います」

石川「それ、私、いただいていいですか」

カ「あなたの特権です」

石川「ありがとうございます」

カ「どうやら、皆さんのご協力のおかげで、何とか仲良しっていう土台に気付いていただきました。ここでお開きとしましょうか。ありがとうございました」

全員「ありがとうございました」

7

ステップファミリー

カ　「おはようございます。ようこそおいでなさいました。ところで、カウンセリングをお受けになるのは初めてですか」

山石「実は、心療内科に通っていました。先生は一生懸命、私の話に耳を傾けてくださいました。しかし、私はどのように考えるべきか、未だはっきりしていません。お友達からこちらのことをお聞きしていましたので、セカンドオピニオンとして何か分かったらと思って、思い切ってお訪ねしてみました」

カ　「私のカウンセリングがお役に立つかどうか分かりませんが、どのような問題なのか、まずお聞かせください」

山石「私の家はステップファミリーです。主人は連れ子二人、一人は中学生で男の子、その下に小学四年生の女の子がいて、結婚しました。結婚してもう三年になりますが未だに親子関係に苦労しています。どうしたら親子の絆をうまく結ぶことができるのでしょう」

カ　「問題は、親子が仲良く暮らせる家庭にしたいと思っておられるのに、お子さんたちはなかなか心を開いてくれないということですね」

山石「そうなんです。親子関係がうまくいかないから不登校になったのか、もともと性格的な問題があって不登校になったか分かりません。とりあえずは、もっと家庭的な家にしたいのです。何とかならないかと思い悩んでいます」

カ「どちらの子が不登校なのですか」

山石「中学生です。女の子は不登校ではありませんが、私をお母さんと思うのは嫌なんでしょうか、なじんでこないです」

カ「ご主人はどうしていらっしゃいますか」

山石「子供を叱って、お母さんの言うことを聞きなさいとは言ってくれますが、毎日仕事で疲れているようで、それ以上のことは無理なようです」

カ「お父さんに叱られると、かえって反抗的な思いを持つかもしれませんね」

山石「それでは父親はどうしたらいいのですか」

カ「お父さんは、いつか別な時間に来ていただくことができたら良いでしょうね。そのことは別に考えるとして、その前にお母さんに質問させてもらっていいですか」

山石「はい、どうぞ」

カ「もしも、あなたが子供で、お父さんが再婚したら、あなたは新しいお母さんにすぐなじめるタイプだと思われますか」

山石「私なら、すぐぐれるかもしれませんね」

カ「真っすぐな性格をしておられるのですね」

山石「どっちかといえば、何でもキッチリしておきたい方なんです」

カ「何でも適当にしておくのが好きになれない方なんですね」

山石「親子関係は一日でも早くはっきりできたらと思っています」

カ「しかし、お子さんたちは少し違う立場と感じておられるのですね」

山石「随分、気を使って苦労しているのですが、私の気持ちが子供たちに伝わるにはどうしたらいいのでしょうか」

カ「かなり頑張っておられるようですが、真面目過ぎるかもしれませんね」

山石「真面目に生きることを子供たちに教えておきたいと思っています」

カ「お母さんの方が知らぬ間にストレスが溜まって、疲れて病気になる心配はありませんか」

山石「確かに、このままの状態が続けば……と不安です」

カ「お母さんが病気にでもなったら、問題はさらに難しくなるのではありませんか。一度立ち止まって、違った観点から考える努力をしてみてはいかがでしょう」

山石「良いお考えがありましたら、そのお考えをお聞きしたいです」

カ「違った観点から考える努力をするということは、今まで生きてこられた常識から離れて考える努力をお願いしたいのです。抵抗がなければいいのですが」

山石「これまで三年もこの問題で苦しんできたのです。何とかこの問題から解放されたいので、先生の言われることは分かるまでお聞きしたいと思います」

カ「そのお考えが続けば、きっと解決に至るでしょう。日頃の常識から離れて考えてくださいね。いきなりの質問ですが、今、現在、山石さんご自身、幸福で満ちているという意識はお持ちですか」

山石「言うまでもないと思います。せめてこの問題が片付くまでは、幸福なんて考えていられません」

カ　「本当に幸福っていう時は、環境や考え方など関係なく、幸福って言えるのです」

山石「幸福って、そんなに簡単なものではないと思いますけどね」

カ　「それですから、初めに常識を外して考えてくださいとお願いしたのですけど」

山石「あっすみません。ついうっかりしていました。私にはどのように考えてよいのか分かりません。どのように考えるべきでしょうか」

カ　「一般に考えられている幸福は、人によって違いますね」

山石「もちろんです。それって当たり前のことではないですか」

カ　「そうですね。でも幸福の違いが世の中の問題に表れていると思いませんか」

山石「それは、誰でも自分の幸福は自分が決めることでしょう。だから違いが出るのも当然だと思います」

カ　「確かにそうですね。一人一人が違った幸福ですと、お互いによろこび合うことが簡単にできるでしょうか。親子の間で幸福観が全く違うと、親子はどんな関係になるでしょうか」

山石「私の家族も、それぞれの幸福です。でも、そんなことは考えたことがありませんでした」

カ「それで、お互いの幸福感を楽しむことができますか」

山石「皆が同じ話題を楽しんでいる時はよろこんでいました。その間が幸福といえば、幸福だったかもしれません」

カ「その幸福は、満足感の度合いによって、よろこびの度合いが違っていたでしょう。満足感の幸福は結構気分次第ですね。しかし本当の幸福は、全ての人が同じ幸福で、いつでも共によろこび合うことができるのではないでしょうか」

山石「心のどこかでは、本当に幸福だったら毎日気苦労なく明るく楽しんで暮らせるだろうと夢の中で望んでいますが、現実は気苦労の連続で、つかの間の幸福がたまにあるかないかの程度です」

カ「今のお考えからしっかり離れて、もう一度、幸福を見直せたら、きっと良い転換ができるでしょう。お分かりになるまで多少時間がかかるかもしれませんが、根気があればきっと解決できると思います。もしか他に何か良い手立てがあるかもと思われたら、そちらの方から先に考えてみてはいかがでしょう」

山石「これまでさんざん苦労して考えてきたのです。でもこれといった良い方法はありませんでした。先生の言われる発想は、何かしら難しそうですが、分かるまで努力してみようと思います。教えてください」

カ「その意気込みで続ければ、必ず発想を変えることができます。今、山石さんご自身は幸福で満ちているという意識がありますか」

山石「えっ、この私が幸福かって言われているのですか」

カ「はい、そうです」

山石「言うまでもないと思いますが、家族の問題で悩んでいる時です。せめてこの問題が片付いてから考えることかと思いますが」

カ「本当に、幸福って言える時は、環境とは関係なく、考え方さえも関係なく幸福って言えるのです」

山石「えっ、えー、幸福ってそんなに簡単に見つかるものですか。それって、どういうことですか」

カ「先ほども言ったように、人によって幸福が異なるのは、なぜ、そうなるのでしょう」

山石「それは、誰でも自分の幸福は自分で決めているからでしょう」

カ「そうです。それぞれ違う幸福で、お互いがよろこび合うことができるでしょうか。親子であっても幸福は全く違っているはずですが」

山石「もちろんです。私の家族はそれぞれに全く幸福は違っています」

カ「それで、お互いに幸福を楽しむことができますか」

山石「皆が同じことを楽しめる時はよろこぶことができましたが、それはつかの間の幸福、たいていはそれぞれ幸福が違いますから、うまくいかないですね」

カ「その幸福は、満足感の度合いによって幸福感の度合いも違ってきますから、その時その時の気分次第になりますね。本当に幸福なら、共によろこび合うことができるのではないでしょうか」

山石「心のどこかでは皆が一緒によろこびたい思いはありますが、それは単なる夢物語。現実は苦労の絶えない生活ばかりで、たまのよろこびで幸福って思えたら良いのではと思っていますね」

カ　「本当に幸福が分かったら、苦労の中にある時でもよろこべますから、お互いの違いに影響されないことができるでしょう」
山石　「お互いの違いに影響されないで、共によろこぶことができるでしょうか」
カ　「人はそれぞれに自分の生き方を望んでいます。そして、それぞれの生き方にはそれに従った苦労がついて回ります。それをどのように受け取るかは、その人次第ですが、本当の幸福はいつでもよろこんでいることです」
山石　「それは理想的な幸福としては分かりますが、毎日苦労している最中に平気でよろこんでいられるなんてことができるものでしょうか」
カ　「常識の世界では考えたことはないでしょう。だから、日頃の常識を超えて考えるのです」
山石　「どのように考えたらいいのですか」
カ　「『命』をどのように意識できるでしょうか」
山石　「お互いに命をもっと大切にしましょうと考えるのですか」
カ　「それは一般的な理解ですね。それは寿命を命としています」

山石「命と寿命とは違うということですか」
カ「そういうことです。寿命はそれぞれに運命的なもので、生きる時間の違いがあります」
山石「確かに、生きる時間の差はありますね。すると命は別ってことになりますね」
カ「命は、生きとし生けるものは全て同じということが言えるでしょう」
山石「寿命は違いますが、命は皆同じっていうことですか」
カ「違いますか」
山石「考えれば確かに同じでしょうね」
カ「感じたり見えたら命を形で分かるでしょうが、生きるもの全て同じだから形にならない同一ということになるでしょうね」
山石「なぜ同一が適当な言葉になるのでしょう」
カ「人間の次元からでは命の次元が分かりません。しかし、人々は絶対な共通理解を持っていません。比べることができないで共通理解ができる言葉が同一と言えるでしょう」

山石「つまり、人間の言葉にならないので、無理やりに共通理解のために無理な言葉をつくるということですか」

カ「その通りです。命をより身近に意識できる言葉にするための苦肉の策というわけです」

山石「がん告知を受けた人は間近に命を考えるでしょう。でもそれは、寿命ってことになりますね」

カ「よくお分かりになりました。寿命の根源である命をどう意識できますか」

山石「どうしても、どのように生きることができるかっていうか、ほとんど自分の生き方に関心が向いてしまいますね」

カ「そうなんですね。自分がどう生きられるかってことが最大の関心事で、いつも後悔のない生き方を望んでいますが、命は人の脳とは関係なく生きています。その生きている命を『命、よろこんでいる』っていう特別な言葉を使ってみると、『生きている命』をより身近に感じることができると思いますがいかがでしょう」

山石「それって、『命、よろこんでいる』って意識することですか」

カ　「そうです。意識していると、そのようになるでしょう」

山石「そのように考えるのは、自分が考えなければならないのでしょう」

カ　「確かに自分の意識を使いますね。つまり脳が働いていることになりますね」

山石「命は脳とは関係なくよろこんでいるでしょう」

カ　「そうなんです。感覚的には形がないので分かりませんが、確かに我々は命で生かされていますから、分からなくても命は生きていますね」

山石「つまりは脳を使わなければならないってことですね」

カ　「確かに脳は使います。しかし、脳は命のおかげで生かされています。そこで脳を超えて生きている命を意識するのです」

山石「そこで、『命、よろこんでいる』には変わりはないっていうことですね」

カ　「そうです。そして、命を特別に意識するには、どうしても『命、よろこんでいる』と言う必要がありますね。そうすることができれば自己意識から離れて、『命、よろこんでいる』意識、いつもよろこんでいる幸福が自分になりますから、満足感には支配されなくなりますね」

山石「今何となく感じるというか、閃いたというか、なんだか自分が幸福なんだって感じるような気がします」

カ「なんと素直な方ですね。人は日常のことで心が取られていますが、環境に支配されていても『命、よろこんでいる』って呪文のように言い続けていると、日常の面白くない思いが気にならない自分になっていますね」

山石「分かります。『命、よろこんでいる』って言い続けられたら、不安や心配から離れることができるでしょうね。私の家族も助かることになるでしょう」

カ「常識から離れることがそんなに早くできるなんて素晴らしいことです」

山石「今ふっと気付いたことですが、今まで目の前のことばかりを気にしていました。それがかえって、わざわざ悩むことを考えていたことになっていました。『命、よろこんでいる』と言い続けられたら、満足や不満足は成り行きに任せられそうですね」

カ「いやー、悟りが早いっていうか、『命、よろこんでいる』を体得されたわけだから、日常のことに気を煩わせなくて済みますね」

山石「実はそのように考えていました。今日は悟りをご指導いただいた感じがします。悩みが片付くのは時間の問題ですね。心配することはもうやめます」

カ「お見事。あとは、継続は力ですね」

山石「そうしないではおれないでしょう。『命、よろこんでいる』って言えているわけですから。とにかく、今日はありがとうございました。私の人生観がすっかり変わりました。ありがとうございました」

8 矛盾

カ　「この世界は矛盾で満ちていますが、その中で全ての人々が生活しています。その矛盾の中を生きるということをどのように考えますか」

山田「確かに矛盾で満ちていますが、要はそれらの矛盾をどのように乗り越えていくかということが、人間としての生き方だということでしょうか」

岡本「矛盾をいちいち気にしていたら息が詰まってきませんか。だからあまり気にしないで何事もアバウトに、人生を過ごせたら、いいかなって思っていますけど」

カ　「人それぞれだから、一方的な考え方はできませんが、法律は正義を追求するっていう考え方があります。法律は悪を罰する効力は優れていますが、罪の誘惑から未然に守る効力はありません。自分は法の番人だと誇り、犯罪者と思われる人を追跡して捕らえることだけに責任感を持っている人もいます。そんな人は庶民の安全より、自分の仕事の責任を果たすことに中心があるようになります。すると法律は、必ずしも正しく機能しているとは言えない矛盾があると思います」

浜田「それは誰だって、まず自分を守らないと生きていけませんから、それは仕方のないことでしょう」

山田「自己保存の法則を中心にすれば仕方ないってことになるでしょうが、人間は正義を求めていますから、矛盾に苦しむのでしょう。そうでなければ、全くの強いものだけが勝つ世界になりませんか」

浜田「この世界は、結局は強いものが生き残ってきたわけだから、それが自然の法則というものでしょう」

岡本「そこなんですね。強いものだけが生き残る。弱いものは滅ぶ。しかし人間の知恵がそれを乗り越えて公平性を実現しようと、法律がいろいろな仕組みの中に生かされているのでしょう」

カ「そうですね、その通りですね。そのように公平性を求めてきたのですが、相対の世界では、常にそれを悪用する力がどこかに現れるのですね。

自然の法則といえば、食物連鎖が考えられますが、人間以外の動物はその法則からははみ出しません。でも、人間ははみ出し過ぎるんですね」

岡本「え、いったいどういうことですか」

カ「猛獣と言われるライオン、トラ、オオカミなどが満腹状態になると、それ以上食べない。だから、そこに小さな獲物がいても、獲物の対象にはならない。猛獣はそこでのんびり昼寝やら遊んでいる状態になります。しかし、人間はそうはしません、満腹状態でも、さらに明日のために将来のために、子や子孫のために、できることなら自分の王国までも築くことを考えます。自分がそうしないと他人に奪われる心配をします。おかげで地球上のあらゆる資源の枯渇の心配をしなければなりません」

浜田「なるほど、一大事というべきですね。しかし誰が、その流れを変えたり止めたりできるでしょうか。全てはなるようにしかならない仕方のないこと、人類の運命ということになりませんか」

山田「しかし、そういった流れに任せると、人間は何のために生きているのかといったことを考える力は、何の意味をも持たないということになるのでしょうか」

岡本「生きる意味を考える人、自分の安全だけを守る人、あるいは反社会的なことに興味を持っている人さえいるぐらいです。だから、矛盾のあるのが自然と見なすと、それほどに窮屈に考えなくて済むと思いますが」

山田「そのように矛盾を肯定してしまうと、それこそ戦争やテロや犯罪、いじめの問題など全て仕方ないと、つまり全く強い者が残ればそれで良いということになりませんか」

浜田「自然は運命的に強い者が生き残ってきたと言えるのではないでしょうか」

カ「確かに自然は、より強い側が生き残ってきている現象は仕方がないということになるでしょう。しかし人々は絶えず考え、悩み続けています。真実とは何かを追求し、人間もただただ生きるだけの動物なみでいいのかと物事を深く考える人々がいて、文化が発達しより便利になり、さらに考える材料になってきたと思います。成り行き任せに生きる人が大勢いるのも否定できません。ですが大勢の人々が苦しんでいるのも事実ですから、それを問題にする能力も持ち合わせているでしょう」

山田「そこです。問題を正しく見る能力を発揮してくれた人が存在したからこそ、今日のように文化を発展させて、それなりの意味を持たせてくれたのではないでしょうか」

岡本「確かに、何が問題なのかが分からなければ、考える焦点を合わせられなかったでしょうね」

カ「確かに、考える位置はいつもはっきりしている方が良いですね。相対の世界では、現代の常識では、というべきでしょうか、満足感を得ることが幸福と意識される常識があります。しかしもっと深く考えると、全人類の共通の幸福があるべきだと思いますが、いかがでしょうか」

岡本「私は、私なりの幸福観があります。それはそれなりに良いのではありませんか」

カ「もちろん、その通りです。個人的な幸福観は、その人独自のよろこび方になります。しかし他の人は全く別なよろこびになりますね。幸福観の違いは、考え方の違いでもあります。そしてそれらの違いがあらゆる不満足の火種になって、犯罪やテロ、戦争にまでつながっていくのが分かるでしょう」

岡本「すると、満足感を追い求めることが悪いことになりますか」

カ「いいえ、満足感は単なる違いであればいいのです。ですが求め過ぎると、他人をも迷惑へ入り込ませます。他者の不満足を引き起こさなければ問題は起きないのですが、現実は絶えず競争していますから、争いの火種は消えませんね。

本当に幸福なら、人々がお互いによろこべることが当然であるべきでしょう。であれば、人類共通の幸福があるべきではないでしょうか」

浜田「満足感は、一人一人が自由によろこべることではないのですか」

カ「満足感ですから個人的に楽しめることも大いにありでしょう。あるいは利害関係が共通してよろこぶ場合もありですね。その場合は、その反対側も存在していますから問題が起こる火種はいつもついて回ります。全ての人がよろこぶ幸福は、一人でもよろこんでいますし。大勢でもやはり同じくよろこんでいます。これは全く別ものです」

山田「なるほど、そこですね。すると、問題は、幸福とは本当のところ何かということですね」

浜田「自分は生きていますから、自分の満足感は自分が大切にする権利はあるはずですね」

山田「個人的な価値観は、同時にその人の権利であるのは当然でしょう。しかしもっと大切にしなければならないことを考える努力もするべきだと思いますね」

岡本「問題は幸福とは何かということですから、幸福をもっと明確にするべきだと思いますが」

カ「幸福とはいつでもどこでもどんな状態でも、『いつもよろこんでいる』状態だということができると思います」

浜田「ストレスに悩まされている時も、たとえ病気で苦しんでいる時でも、よろこんでいると言えるのですか」

カ「はい、いかなる時でも『よろこんでいる』が成り立たなければ、幸福とは言えないと思います」

浜田「苦しんでいる時によろこんでいる気になれるとは、考えにくいですね」

カ「常識的には環境に支配されて当然ですね。それは自然でもありますから、しかし『いつもよろこんでいる』は、どんな環境でも関係なく、いつもよろこんでいると言えるのです」

岡本「矛盾に満ちていても、ですか」

カ「いつもということは、いつも変わらないということです」

岡本「それは、どうしたら分かるのですか」

カ「まずは一般的な常識を無視してください。幼児のような素直さがあると良いですね。善悪を考えるのではなく、それは事実であるか事実でないかを明確にする必要があります」

浜田「幼児のような素直さに、真実を見分ける賢明さも必要ですね」

カ「その通りです。幸福が精神論というか考え方で決まるなら、何も考えないで、ただ信じなさいになるかもしれませんが、『すでに存在している事実』が分かるかどうかだけですので、個人的感情からとりあえず離れていただかないと分かりません。少なくとも日頃考えないことですから、すんなり聞き入れられない衝動にかられることになりかねません。だから、あらかじめ心の準備をお願いしたいのです」

岡本「と、言いますと、その事実とは何ですか」

カ「『生きている』という事実に対して、どのような認識を持っておられますか」

岡本「『生きている』って当然のことでしょう。それで何を考えるのですか」

カ「『生きている』そのものをどのように認識していますか」

岡本「毎日、懸命に生きています。結構いろいろと努力していますが、これが何かを考えることになりますか」

カ「それは『生きている』から考え、努力しておられることになるでしょうが、生きている結果から、それを当然としての現象ではなく、その土台である『命』そのものを、『どのように意識できますか』という質問です」

浜田「それは、死期が近づいた時とか、死のお迎えが来た時に命を考えることになるでしょうか」

カ「それは寿命についての話で、命は寿命の原因でもあるわけです」

浜田「『生きている』のは分かりますが、それは寿命だと言われると命が分からなくなります」

カ「そうですね。見える世界だけを中心に我々は生きていますから現象中心になります。結果だけが全てになりやすくなりますね。環境の支配に右往左往させられてしまうのも、見える世界がそのように結果第一にしてきたのですね。それは実は思い込みであって、見える世界は、見えない世界が土台にあるから成り立っているのでしょう。見えない世界が事実ですが、事実として認識する習慣が全くない。そういう常識で教育されてきたのです」

山田「そうなんですね。見えていない世界の存在の事実を、何とか認識させる教育方法があるべきですね」

カ「ご来光を見て、常々思うことなのですが、普通は日の出に手を合わせて神様にお祈りする人もありますし、神々しい輝きに見とれてしまう人もあり、いろいろです。とにかく太陽をそのまま見ていると、東の空から昇って西の空に沈んでいきます。当然と思えば考えることはないでしょう。しかし、その感覚は天動説です。そして、あれっという疑問が起こります。地動説の知識はしっかり持っているにもかかわらず、天動説の習慣に違和感を持たないのが、不思議だと思わないのでしょうか。

太陽が動いている……違うでしょう？　地球が回っているから、我々地球上の全てのものは太陽に向かってお辞儀をしている状態です。それに動いている対象物が何にもないので、とんでもない速さの地球の自転が全く分からない、感じない。対象物があれば簡単に分かり、感じるのでしょうが、我々が存在していることの大地ごと自転しているにもかかわらず、全く地球の自転を感じない、見えもしない。せめて太陽がじっと動かないイメージができたら、地動説を実感できるでしょうに。それと同じように、生きている事実も考えることができるでしょう。

ところが我々の脳は現象を中心に反応して、我々を環境の支配に任せている。いつの間にか自分が生きているという実感さえも意識できない思い込みができてしまって、考えることは毎日の心配事が中心になってしまっている、と思いませんか」

山田「本当だ。実に現象のとりこになっているけど気にならず、錯覚を事実としていますよね。いや本当だ。こんなにも人間は簡単に思い込んでいるんですね」

岡本「いやー、そんなこと考えたこともなかったですね。人間は現象に簡単に左右されるってことは知っているつもりでいましたけどね」

浜田「確かに現象に支配されるのは分かりますが、命をどうやって分かるのですか」

力「形のない命を説明するのは不可能ですが、でも、少し無理やりにでも形にできればと思いますね。我々は一応何かに生かされていることは誰もが承知していますね。しかし、人間の脳は主体的に物事を考えるので、まるで自分が自分の力で生きていると思っていますね。だから自分は生きているのは当たり前という意識ができて、立派に自力で生きているという思い込みがありますね。

しかし、例えば、おいしいものを口に入れると、そのおいしさが口いっぱいに広がりますね。あーおいしいと感じるのは脳ですが、もし命がなければ食べ物を口に運ぶことも食べることも、おいしいと感じることもできません。喜怒哀楽の一切は生きている土台があるからですね。しかし我々は、命の中にスッポリと入っています。次元の差があり過ぎて、全く命を感じないかのような思い込みができていると思うのです。いかがでしょうか」

山田「そこまで原点の原点まで考えると、まさに命が生きているのが分かるというか、『生きている』ことが分かりますね」

浜田「私には、もうひとつ分からないですね。生きていることの大切さは改めて感じましたが、それが命であればいいのですが」

岡本「やっぱり考えたこともないことに意識を働かせるのは、かなりの意識力が必要ですね」

山田「でも、もともと命があって人間の存在が成り立っているわけだから、素直に生かされていると考えるだけでも命の存在は意識できると思いますが」

K「大切なことは、全ての人間が生きているのは、同じ命が土台であるということです。幸福が同一で絶対なら、あなたの幸福は私の幸福です。それはいつでもどこでも、どんなにぼやいていても、『命、よろこんでいる』と意識すれば、自分が幸福であることが分かるでしょう。全ての人の幸福は、初めから存在していたことになります」

山田「そうなんですね。私は初めから幸福であった。しかし知らなかっただけですね。たった今、先生によって気付かされた。私は幸福なんですとね。いつでも『よろこんでいる』わけだから、どんな時でも意識できれば、『よろこんでいる』ことになりますね」

岡本「そんなに素直に幸福を意識できるのですね。そうであれば、満足感のよろこびはどうなるのですか」

カ「満足感のよろこびは個人が中心ですから個人的よろこびですね。単に欲望が一時的に満たされたということです。欲望が満たされると、そのよろこびは間もなく消えていきます。人間は絶えず不満足にせっつかれているから満足を追いかけなければならない運命にあります。それが欲望というわけです。だから死ぬまで満足を追求することで、生きていることの幸福感を満たそうとしているのです。本来、満足感は楽しむものですが、絶対幸福が分からないと、満足のよろこびを幸福として追求することになるので、キリなく満足にこだわり、むさぼってしまい、こだわることで楽しめなくなるのですが、それを幸福と思い込んでいるので分からないだけです」

山田「いやー、今日は本当に目が覚めました。日頃のもやもや感がすっかり晴れました。この発想がしっかり教育されたら矛盾が遊びになって、大した問題ではないってことになりますね。いや、本当に救われた思いです。人生観がすっかり変わりました。本当にありがとうございました」

カ　「脳はいつでも環境に反応していきますから、『命、よろこんでいる』を言葉にして唱える必要があります。自分がいつも『命、よろこんでいる』者であることを確信して確認するためです。やがて慣れてしまえば、体が勝手に『命、よろこんでいる』と意識してくれるようになります。それまで楽しんで唱えることですね」

山田「分かります。そのように『命、よろこんでいる』を唱え続けます。ありがとうございました」

浜田「う〜ん、そんなに簡単に、よろこんでいられるもんなんですか。分かるような分からないような。いつでもよろこんでいられたら、それに越したことはないでしょうね。しかし、いつもよろこんでいるってのは不可能なことではないですか。喜怒哀楽の感情ではできないことだと考えますが」

岡本「それはそうですね。命と脳が別々だと区別すれば、脳の働きとは関係なく、命はよろこんでいるということなのでしょう」
山田「そうですよ、皆さんもすでに『命、よろこんでいる』わけですから、そのように意識すればいいわけでしょう」
岡本「そういうことであれば、とにかく努力する必要がありますね」
力「あわてないで、楽しみながら考えましょう。これからも時間をつくって来てください。きっと分かるようになります。来て良かったと言えるようになるでしょう。根気よくまいりましょう。ご理解いただいて、ありがとうございました」

9

あれもしたい、これもしたいがいっぱい

カ　「『したいこと』をまるで「しなければならない」かのようにする人は大勢いますが、本当に『しなければならないこと』を『したいこと』のようにする人は少ないと思います。この現状をどのように考えられるでしょうか」

佐藤「エッ、エー、今初めて耳にする言葉でして、今まで考えたことがなかったように思います。あわてて考える状態ですから良いアイデアどころではありません。考えれば、確かに問題だと思いますね」

近藤「いったん、自宅に帰って考えたいですね。私も正直そんなこと考えたことがなかったので、初めて言われた問題のように感じます。確かに問題のようには思いますが、やっぱり一度考えてからにしたいですね」

吉田「『したいこと』って、何が何でもしたいように思えてくるのは分かります。それに反して『しなければならないこと』って、それほど『したいこと』にはならないでしょうね。できれば誰か、他の人がやってくれたら助かると思うでしょう。ましてや、本当に『しなければならないこと』って、まともに考えたことはなかったですね」

万才「本当に『しなければならないこと』って何かなと考えると、将来のことを真剣に思う必要があるでしょうね。とりあえず『しなければならないこと』だけでも明確にすべきかなって思いますけど、はいはい、分かりましたって言っても、言うだけに終わるかもしれませんね」

カ「そんな思いを気にかける人ってそんなにいないでしょう。本当に『しなければならないこと』は何だろうって考える前に、『あれもしたい、これもしたい』という方が忙しいのではないでしょうか」

近藤「言われてみて、やっぱりそうかもねっていうような感じですね」

吉田「どうして『したいこと』に追われてしまうのでしょう。将来のことを真剣に考えていないということでしょうか」

佐藤「でも、仕事は『しなければならないこと』ですから、それだけで精一杯ってことではないでしょうか」

カ「生きがいのある仕事ができているって思える人は、仕事が人生ってことになるでしょうね。しかし、職業って本来、生活の糧を得ることがまずは第一になっていると考えられるので、『本当にしなければならないこと』になるでしょうか」

佐藤　「仮に生活が保障されているとすれば、お金のために働く必要はありませんね。すると、自分の好きなことだからする。しかし、『しなければならない』ことかと考えると必ずしもそうではないと言えるかもしれないですね。『したいこと』ならそんなに考えることもないですからね」

カ　「『したいこと』って、しない方が良い、いや、してはいけない分野まで入り込んでいても分からないかもしれませんからね」

佐藤　「あーそうか、『したいこと』って確かに、許されたら何でもしてしまうかもしれませんね。戦国時代の権力者がどんな我がままを押し通しても、それを止められる人は誰もいませんでしたからね」

吉田　「現代でも法律が役に立たない権力者はいますからね」

近藤　「未だに人類は無益な戦争をやめることができませんからね」

カ　「問題は本当に『しなければならないこと』は何かを考える方が、より合理的ではないでしょうか」

万才「確かに。ぼやいても問題を解決できませんね」

吉田「本当に『しなければならないこと』って何を考えればいいのですか。世界平和や地球温暖化の問題を考えることですか」

万才「衣食住や教育、医療の保障などを確立することなどはどうです」

カ「皆さんのご意見に従って全部一緒に解決できたら、奇跡ですね。世界中は防衛費などの予算を考える無駄がはぶけるっていうもんですね」

万才「まさにその通りですね。それらはずっと人類の理想として願ってはきましたが、問題解決は、はるかかなたですね」

佐藤「理想だけでは飯は食えないって誰かが言ったのを聞いたような気はしますが、分かっているけど、どうにもならない問題ですね」

カ「勉強はいつもしなければならないって、子供にはうるさく言っていますけどね。自分は仕事に疲れたーって言い訳ばかりで、毎日が暮れていきますけど、やっぱり世界の状態と似たようなことになってしまいかねないと思いますけど」

近藤「まいったーって言わないといけませんね。私なんかは全く同じですね、子供に将来困るからって脅していますけど、自分も昔、親にうるさく言われたのを順送りしていますね」

カ「それほど真面目なんですから、お子さんはきっと勉強しているでしょう」

近藤「いやー、今、言ったことは本当のことです。もう一度やり直す必要があるなって考えているところです」

カ「昔から言われてきたことばかりですから、結局は同じ形になってしまいませんか。我々も先輩と同じ道を歩いてしまうのではないでしょうか。戦争がなくならないのも、人類の発想が本質的に昔の発想と同じなんだということではないでしょうか」

万才「つまり、常識を変えないといけないっていうことですね」

カ「そうですね。常識を変えるっていうか、全く離れてみる必要があると思いますけど、どうでしょうか」

佐藤「それで、どうやったら常識を離れることができますか」

近藤「常識を変えることと、常識を離れることは同じことになるでしょうか」

吉田「常識を変えて問題を見よって、よく聞く言葉ですが同じでは？　と思いますけど」

万才「常識から離れて見れば分かるっていうのも、よく言う言葉ですが、離れているつもりが余計こだわっていたりして、分からないことがあるのは、同じではないことの表れなのかなって思いますけど」

佐藤「私は自慢じゃないけど、こだわりの塊、なんでしょうね。常識を離れたつもりが余計こだわっていることがあとで分かる始末ですね」

カ「相対の世界に我々は生きていますから、全てのことに相反することが成立してしまうんですね。良いか悪いか、見方、考え方で簡単にひっくり返ってしまうので絶対がないということになりますね。ですから常識を変えても、離れても大した差がないのではと思うのです」

万才「先生の言われる『常識を離れる』とは、本質的に違うってことですか」

カ「次元が違うと言っても、相対の世界と同じように感じてしまいますが、時間が経てば違いが分かってくると思いますけど」

万才「具体的にはどのように考えるのですか」

カ「一〇〇かゼロかの発想で考えると分かりやすいと思います。人間関係は大切ですから仲良くする方が自分のためにも世の中のためにもなる。そう考えれば、どのようにして仲良くしたらよいでしょうか」

吉田「それは当然、お互いに相手を尊重して、我を出さないように努力することが常識ではないですか」

佐藤「相手の良いところをよく見て、付き合う常識があれば、うまくいくでしょうね」

万才「世界中がお互いに助け合えば良いことは、誰でも分かっていることだけど、戦争や犯罪はなくなりませんね」

カ「しなければならないことは常識的に分かっていることですが、現実は思い通りにならないですね」

万才「その先ほど言われた、一〇〇かゼロの発想ではどうなるのですか」

カ「普通は何もしていない、つまりゼロの地点からスタートしますね。そして目標地点に向かってそれなりの努力をすれば、何とかなるでしょう。

一〇〇から考える場合は、すでにゴールに立っていると発想します、つまり、人類は誰もが、誰からも初めから好かれているのが当然として、そこを土台として、そこからを一般的に言う常識として考える。今、生きている現状を見ると、はるかに原点から外れている。にもかかわらず、自分は好かれている者、人類は仲良しであることが当然なんだと確認しつつ生きている。今を楽しむという発想です。比較することではないのですが、やっぱり相対の世界では比べて見る発想になってしまいますが、違いが分かってもらえるでしょうか」

佐藤「現状では喧嘩している状態だとしたら、そんな状態で仲良しだと言えるんですか」

万才「争っている状態ではかなり無理な発想のように思いますが、それでもというなら仲良しとだと思い込むっていう発想も、ないことはないように思いますが」

カ「まさに、その通りです。常識では考えられないでしょう。でも思い込まないと分からないことですから、信じるということになるでしょうか。そうすれば、そのようになるでしょう」

吉田「自分勝手な思い込みなら、思い込みはできますが、そんなに理想的な思い込みをするのはかなり難しいのではないでしょうか」

カ「自分の考える思い込みができるなら、初めから好かれている、人類は仲が良いと思い込むのも、同じ努力でできるでしょう」

佐藤「それができるなら、世界はすぐ平和になるでしょう。そのように自分もしてみましょう」

万才「常識の変革が分かりました。うまく消化できれば、本当に理想が現実になるかもしれませんね」

カ「もうすでになっているとして、そこが現実と考えるのですね」

万才「あっそうか。それですね。常識を離れるとは、次元を変えるということにもなりますね」

吉田「自分の信じることを、最後まであきらめないっていうことでしょうか」

カ「一理ありますね。できるまで待っているのは大変ですけど、本当に信じていれば待てるでしょう」

万才「問題は、しなければならないことは何かっていうことですね」

佐藤「人類が仲良くできることって、ものすごく大切なことでしょう」

カ「確かにその問題も大変大きいですね」

吉田「資源の問題、人口の問題、核の問題、環境問題、人種の問題、各国の紛争問題……キリがないですが、何を一番先に解決すべきでしょうか」

カ「どれもこれも解決する必要がありますね。そして人類は、それらの問題の解決をずーっと昔から願ってきました。けれども、どの問題も片付けられていません。いろいろな考え方があるからですね。一緒に良かったね、にはならないみたいですね」

万才「一〇〇ということは完全とも考えられると、ふと思うのですが、そこから考える一〇〇と言える『そこ』は何ですか」

カ「『そこ』ですね。全ての根源と言える何か、『完全』があるのでしょうね」

佐藤「完全って何ですか」

カ「比べることができない何か。全てが同じっていうか、比べて同じっていうことではなく比べても意味を成さない。全てが同じだから比べようがない何か。そして全ての根源と言えるでしょうか。そんな何かに気付く必要があるのでしょうね」

佐藤「神様でも、考えるのでしょうか」

カ「全て同じ神様ならイスラムのテロも起きなかったかもしれませんね。宗教間の争いはどちらが正しいのか、どうにも審判ができませんね。完全と言われる神様が人間を創ったというなら、せめて喧嘩をしないように、助け合いなさいと言う必要がないように、愛し合いなさいと言わなくてもいいように創造できなかったのでしょうか。できないことは全て悪魔のせいになっていますけど」

万才「しかし、宗教があったおかげで助かった人たちは世界中にいますけどね」

カ「そのような点では、人類を救ってきたと言えるでしょうね」

吉田「その反対に宗教戦争は人々を困らせてきました。現に今だってテロに加わっているイスラムの過激派は難民問題を生み出してしまいました」

カ「そう、相対世界の出来事は必ず矛盾が付きまといますね。絶対では全てが同じですから争いは起きないということですね」

佐藤「絶対を何に求めましょうか」
カ「絶対とは『命』だと私は信じていますが、皆さんはいかがでしょうか」
万才「絶対が命ということは賛成できても、『しなければならない』ことと、どのように関係しますか」
カ「良いところに気付かれましたね。『命』ということは誰でも言葉としては知ってはいますが、見たことも触ったこともないでしょう。寿命としての命なら、死に直面すれば死の恐怖とか、この世に思いを残すことがあれば死にたくない思いで死を避けたいと意識するでしょう。そのように考えると、寿命は命が形になった結果と考えることができるでしょう。さらに寿命が形と言えるのは、それぞれの生き物の寿命が定められているという事実から、そのように考えられるわけです。人間の場合、一応、平均寿命は何年と、時代によって変化していますが、一人一人の運命とも言えるでしょうか。生きる年数が違ってきますね。つまり時間的な形と見なすことができるでしょう。
しかし『命』は時間を超えていますから、形ではありません。全ての原因と言えるのもそのためです。そしてその命を人間は何と考えるべきでしょうか。命によって、結果、我々は呼吸をして生かされているのですが、我々の頭の中にある脳は、まるで自分が生きて脳を使っていると意識しています。命については全くと言えるほどに意識することとありません。脳における自己意識は自分がどのように生きるか、どのように満足できるかと、常に満足して気持ち良く過ごせることを幸福として、常にその方向で意識を働かせているからです。

どうしたら、生きている根源である命を意識できるでしょう。

まさに生きているっていう思いを特別に持つことができれば、人は生きているよろこびを見いだせるでしょう。ところが命によって生きているはずの人間は、特別に命を意識しなければ、その特別な存在が全く分からないのです。そして、『命、よろこんでいる』と言葉にすれば、命を意識することができます。そして、いつもよろこんでいることが、人類の共通の幸福にふさわしい発想ではないでしょうか。そうであれば、あなたの幸せは私の幸せという同一の幸福が初めからあったことになるでしょう。全ての人が、満足感は個別の価値観として認め合い、完全な幸福が初めからあったと知るべきではないでしょうか」

吉田「それは素晴らしいことだとは思いますが、個人の満足感は無視されることになりませんか」

万才「幸福が完全に保証されているのであれば、個人の価値観を認め合うのはたやすいことでしょうね。

しかし、満足の幸福と『命、よろこんでいる』幸福とをはっきり区別するのが難しいのではないでしょうか」

佐藤「私、個人としては、『命、よろこんでいる』幸福が決まれば、満足感に苦しめられなくなるのではないかと思いますから、その方が私の人生には望ましいと思いますね」

万才「『命、よろこんでいる』っていう共通の意識がすでにあることに人類が気付くことが、『しなければならないこと』って言われてきたわけですね」

カ「そうすることができれば、人類の土台がもともとあったのも同然と言えませんか」

万才「まさに一〇〇からのスタートこそ、人類の救済が可能になるってことですね」

佐藤「私的には、『命、よろこんでいる』のが自分に起こっただけでも、ありがたいことです」

カ「それは何よりも素晴らしいことですね。今日は難しい議論にお付き合いいただいてありがとうございました」

みんな「こちらこそありがとうございました」

10

生きている

九月のある晴れた日の朝、いつものように出勤して、さて今日も一日仕事に励みましょうと、席に着いた時でした。待ってましたとばかりにスマホが鳴りました。「先生、大変です。遺書を書いて自殺を図ろうとした生徒とお母さんが登校してきました。今すぐカウンセリングルームにお連れしていいですか」ということで、二人は担任の先生に連れられて、おろおろしながら部屋に入ってこられました。「あとはよろしくお願いします」ということで、先生は、すぐご自分の仕事へ帰っていかれました。

さて、私はお母さんと本人に、まずは椅子に掛けてもらいました。

カ　「ご説明をしていただくのは難しいとは思いますが、とりあえず、お母さんが感じられたことをそのまま、お話ししてくださいますか」

母　「もう今日は朝からビックリしました。何がなんだか分からないまま、とにかくお助けいただきたくて子供と一緒に学校に参りました」

カ　「大変でございましたね。中学生でそんな重いことを考えるなんて、お母さんと

　　してては何が何でも生きてほしいと願うばかりでしょう」
母「はい。朝、いつものように仕事に出かけようと玄関に立ちましたら手紙が置いてあったのですね。開いたら遺書と書いてあったのです。死にます、なんて書いてあったのです。びっくりして子供の部屋に飛んでいったんですね。息子は布団の上に座ってボーッとしていたように思いますが、とりあえず助かったと思いました。とにかく『今日お母さんは仕事を休む。一緒に先生のところへ相談に行こう』と言って一緒に参りました。よろしくお願いします」
カ「耕三君は中学生なんだけど、もう大人のように人生を考えたみたいだけど、考えることが好きなんですね」
耕三「はい、――」
カ「生きることに希望を感じなくなるまで、人生をどう生きたら良いのかって随分考えたんでしょうか」
耕三「はい――」
カ「毎日学校で勉強ばかり忙しくて、生きている意味を考える時間がなかったでしょう」

耕三「はい――、何もかも虚しかったです」

カ「学校ではひたすら勉強しなさい、帰ったら家で、一人でなぜ生きていかないといけないのって考えると、何も分からないし、同じところを行ったり来たりしているみたいで、頭の中は希望のない思いがぐるぐるめぐるばかりでしょう」

耕三「はい、生きるのがしんどいと思うようになりました」

カ「ところで、今一度『生きている』っていうことを、三人で一緒に考えてみませんか。いいですか」

耕三「はい、何か考えることがありますか」

カ「まず、深呼吸を一度しっかり意識してやってみてください。ゆっくり息を吸って、吸う時は下腹を思いっきり膨らませてください。一〇秒間。一、二……一〇。数えたら反対にゆっくり息を吐き出す。その時は下腹を思いっきりへこませて一〇数える。しっかりと、『生きている』を実感するつもりで、できる限りゆっくり二回、深い深い深呼吸をしてください。どうぞお母さんもご一緒にやってみてください」

二人はゆっくりと腹式呼吸を二度続けて行いました。

カ　「どうでしたか。『生きている』を感じるぐらい深呼吸ができたと思いますか」

母　「はい、深呼吸をこれほどまでに意識してやったことはないと思います。改めて新しい経験をしたように思います」

カ　「耕三君は、どんな感じになりましたか」

耕三「僕も、初めて深呼吸をしたみたいな感じです」

カ　「ところで、質問ですが、呼吸するから生きているのでしょうか。それとも生きているから呼吸するのでしょうか。耕三君から言ってもらっていいですか」

耕三「えっ、えっ、呼吸するのは生きていることでしょう」

カ　「今まで、『生きている』ってことを真正面から考えたことってなかったでしょう。ですから、日頃考えていないことを、いきなり質問されると戸惑いますよね。お母さんの方はどのように考えられますか」

母　「はい、生きているからこそ呼吸ができるのですね。久しぶりに『生きている』

ってことを考えた気がします」

カ　「ところで『生きている』っていうことと、その結果で生じる『反応』って、同じ『生きている』って思う意識になっていると思います。ですが、正確に考えていただいて、『反応する』ことと『生きている』ことは同じ『生きている』ことになるでしょうか。耕三君はどのように思いますか」

耕三「生きているから反応するはずですね。『生きている』、だから『反応する』って関係になると思います。どこまでが『生きている』と考えて、どこから『反応する』って考えるかになると思いますが、どう違うかはハッキリしないみたいです」

カ　「生きているから呼吸ができるのは、はっきりしていますね」

耕三「はい」

カ　「『生きている』が土台になって、生きている反応として呼吸ができているのですね。つまり我々が日常している全ての活動は、生きている土台があってこそのことだから、日常のことは全て反応っていうことになりませんか」

母　「本当ですね。全て反応ですけど、その全てを生きていると思い込んでいますね」

カ　「お母さんは明確に区別なさいました。であれば、『生きている』ことを特に意識せずに、普通に生きているだけだと、単なる反応をしているだけってことになりますね」

母　「でも、人々は毎日、どのように生きようかということを大切に思っていますから、現に生活していることを単なる反応と考えるのは難しいのではないですか」

カ　「そう言われればそうですね。でも反応っていうことは、ある何かの原因に対しての反応ですから、そこにある現象にとにかく反応してしまうでしょう。もっと分かりやすくいえば、梅干しを見たら唾が出てきますね。面白いテレビ番組を見たら笑うでしょう。もちろん、人によって反応の仕方は違いますが、全ての行動は反応だとすれば、人は簡単に環境に支配されてしまうってことになりますね。楽しいと思う時も悲しいと感じる時も、そこに起こる現象に反応しているってことですね」

母　「ほんとに、私たちが『生きている』のは全部、『反応』になりますね。考えれば分かるような気もしますが、『生きている』ことを意識すれば、やっぱり、これは『反応』だと思うより、『生きている』っていうことがそのまま自然なような気がしてしまいそうですね」

カ　「確かに、今まで『生きてきた』ことを、いきなり『反応』って気付くのは難しいかもしれませんね。でも、人間は環境に支配されやすいと言われています。それは環境に『反応』しているってことでしょう」

母　「そうですね。それはよく分かります。今まで生きてきた慣れが習慣になってしまって、それで思い込みが出来上がっているのでしょうね」

カ　「耕三君はどう考えますか。人類はいつも、もっと良い生き方を求めて努力してきたのに、その『生きている』努力は、実は毎日、そこにある環境に『反応』していたんだって言われたら」

耕三「僕は今まで、自分の『生きる意味』がどこにあるのかと毎日考えていました。『反応』で生きているって思ったことも、考えたこともありません。でも先生のお話からすれば、僕はそこにある環境に『反応』ばかりして、何も分からず、ただつらいことや、苦しいことばかりを考えていました。本当に『生きている意味』を考えるためには、まず『生きている』ことと『反応』の区別が先にこないといけないってことが分かりました」

カ　「大切な点が、よく分かりましたね。違いが分かるだけでも大変なことです」

耕三「僕は今まで完全に、『反応』だけで生きていました。それで『反応』だけにならない生き方はどうすればいいのですか」

カ　「良い質問です。『生きている』と『反応』の区別ができましたから、あとは簡単です。お母さんは何か良いお考えはありますか」

母　「私は、考えれば毎日一生懸命『生きている』って思い込んでいましたから、それが全部、『反応』だったなんて分かると、まるっきり環境に支配されていたことに気が付かなかったっていうことですね。私も環境に支配されない生き方を知りたいです。教えてください」

カ　「どのように生きれば良いのかって考えると、今までの常識で考えてしまうので、やっぱり知らぬ間に『反応』になってしまいますね。ですから、もう一度、原点に返って『生きている』がまず全ての土台になっていると認めたら良いですね。

耕三君は、その土台が分かりますか」
耕三「はい、命だと思います。命のおかげで生きているということを認めたらいいのですね」
カ「命っていうだけで、『生きている』感覚を素直に意識できますか」
耕三「命のおかげで生きているのは分かります。でも感覚は全く分かりません」
カ「そうですね。普通は活動していることを生きているって人々は思っていて、生きている感覚は満足感に求めています。だから『命』を特に意識することはないでしょう。『命』を特別に考えるなんて大変なことです。でも、考えなければ分かりませんね。『命』を何とか感じられたら素晴らしいですね」
母「そんなことって考えられることでしょうか」
耕三「だから考える必要があるのでしょう」
カ「耕三君は考える輩ですね」
耕三「そんなことありません。考えることが好きなだけです」
カ「考えましょう。耕三君、君は生まれた時に耕三っていう名前がありましたか」

耕三「そんなわけありません。生まれたばかりの赤ちゃんは誰だって名前がありません」

カ「それでは名前がなかったということで、君自身は存在しなかったということですか」

耕三「そこには赤ちゃんがいるわけでしょう。それであれば、自分は存在していて当然でしょう」

カ「でも今現在は耕三という名前が付いた自分がいますが、生まれて間もない時の自分と、耕三という名の自分はどちらが本当の自分といえますか」

耕三「赤ちゃんの時の自分がどんなだったか分かりませんが、同じではないことは分かります」

カ「どちらが本当の自分だと思いますか」

耕三「耕三って名前の付いている方が自分と思うのは楽だけど、でも初めの方はもともとに近かったから、本当は初めの方が本当の自分だろうと思いますけど、ちょっと難しいですね」

カ「名前がなかったら、他の人と区別するのが困るでしょうね」

耕三「やっぱり名前がないと、僕自身の存在がはっきりしませんね」

カ「名前のおかげで、しっかり、他の人と区別してもらえるから、名前の役割もそれなりに大きいでしょう。でも『生きている』っていうことがしっかり分かっていないと、名前の付いた自分に引きずられていることに気付かず、本当の自分が分からないままに過ぎてしまうでしょう」

耕三「本当は、まだ名前の付いていなかった時の自分があったということですね」

カ「そこが理解できたら、環境に支配されない自分に気付いたことになりますね。しかし、たいていの人は名前がしっかり自分になって、それが自分と思い込んでいるので、本当の自分とはって考えたことがないかもしれませんね」

耕三「命を意識することが、本当に『生きている』意識になるっていうことですね」

カ「誰でも自分は『生きている』のは当たり前と思っているので、『生きている』事実、なんて考えることはないでしょう。ただ、もっと自分の思うように生きて、もっと良い満足が得られることを願って生きている。それが人々の、生きているということです」

耕三「命を意識することの大切さは分かりますが、『命』をどうやって意識するのですか」

カ「誰も命を見た人はいませんから、命が何か分からないのにどうやって意識できるでしょう。分からない命を意識するために、命を意識しやすくするアイデアが要りますね」

耕三「命を分かりやすくできるんですか」

カ「全ての人が命によって生きていますから、共通に意識できる名前を考えたら良いのではないかと思いますね」

耕三「皆が同じ命を意識するために、名前を付けて分かりやすくできるのですか」

カ「命といえば多分一人一人の考え方があって、それぞれに自分の好きな考え方をするでしょう。命を寿命と考える人がいますね、また命を魂と考える人もいます、あるいは命を存在と考える人もいます。考え方は自由ですから、いろいろな命があります。きっと同じ命を考えているのでしょう。でも、言葉にすると違ってくるのかもしれませんね。しかし共通の理解のためには、言葉も同じでなければなりません」

耕三「分からないものを分かりやすくするために名前を付けるわけですね。僕の名前は誰が呼んでも同じですけど、そうなればいいですね」

カ「さすが、察しがいいですね。『命、よろこんでいる』と唱えてもらったら、全ての人はいつも『よろこんでいる』ということになるでしょう」

耕三「『命、よろこんでいる』、うん、言いやすいですね。そのうえ自分が『よろこんでいる』って感じになります」

カ「そうでしょう。人は生まれながら、もともと『命、よろこんでいる』が本来の姿なんだけど、現象ばかり見ていると、現象に騙されていても分からないのでしょうね。不満や心配事を考える時間を『命、よろこんでいる』を唱える時間にすれば、人生は随分と変わるでしょうね」

耕三「『命、よろこんでいる』と唱えられる名前が一番いいっていうことですね」

カ「分かりが早いですね。そこで私は『命、よろこんでいる』を唱えることで、『生きている』事実を確認しています。耕三君もそうすることをお勧めします」

耕三「もちろんです。命を『命、よろこんでいる』って意識すれば、生きていることがよろこんでいることになりますね」

カ「その通りです。お母さんもどうです。ぜひお勧めします」

母「もちろんです。反応だけで生きていたら、ストレスを抑え込んで生きるのは随分としんどいことです。『命、よろこんでいる』を唱えて人生観を変えることにいたします。私や息子の人生観が全く違った形にできるなんて考えられませんでしたが、今日から新しい人生の出発です。本当にありがとうございました」

耕三「先生、ありがとうございました」

カ「毎日、『命、よろこんでいる』を確認しながら新しい人生を楽しみましょう。今日はよく頑張りました」

11
生きる土台

カ　「今日は人間の生きる土台となるものは何かについて、皆さんのご意見をいただけたらと思います。日頃、お忙しく働いておられる方々が、改めて、人生の土台を正面から考える時間を持つのは、変化を楽しむということになると思います。まずは中村さんからお願いしていいでしょうか」

中村「そうですね。良い機会を与えられたと思います。私の生きる信条は何かと聞かれていると理解していいですか」

カ　「もちろんです。どうぞお願いします」

中村「正直な一生を過ごしたいと思っています。ごまかしのない生活が第一と思っています。正直をモットーにしています」

山下「素晴らしい――、国会議員さんにも見習ってほしいですね」

中村「正直なんて特別のことではないと思いますけど、山下さんの人生観はどのようなものですか」

山下「私は、正直を通すことって大変難しいことだと思っています。自分は違うことを考えていても、それをうやむやにして、人の意見に合わせてしまうことが結構あるんですね。多分、自分の生きる信条が明確でないことが、環境に支配されてしまう原因ではないかとは思っていますが、やはり自分に正直に生きるのは難しいですね」

中村「人生観を持つって、結構難しいことですね」

山下「そうなんですね。私はこれと言える哲学を持っていないし、自己実現の目標もないので、今のところ毎日つつがなく過ごせたらと思っています」

石原「私もどちらかといえば、山下さんと同じですね。あえていえば、安心できる生活が成り立っていれば。安心が私の生きる土台って考えるのはいかがでしょう」

カ「たいていの人は安心を求めて生きていると思いますけど、石原さんは安心が土台と言われたので、安心を土台にしておられると理解します。それで質問ですが、何が安心なのかについてお話しいただけませんか」

石原「そうですね。普通、生活の安定といえば経済的な保証があることと思いますね。家族が何の不自由もなく過ごせて健康に恵まれていることが、安心の土台と言えるのではないでしょうか」

中村「そのように思うことはできますし、条件としては成り立つと思いますけど、もう少しゆるぎない何かであってほしいかなって思うのですが」

石原「平凡過ぎますよね。もう少し精神的な何かでないと、人生の土台と言えないかもしれませんね」

中村「経済面も人生の土台の安心度に関わっていると思います。それだから人間は食べるために生きているのか、生きるために食べるのかの問いに関わると思いますが、その点からの発想ではどうなるでしょうか」

山下「人間は生きるために食べていると思っていますが、それでは何のために生きているのかの問いには困ってしまうのですね、何のために生きるべきでしょうか」

石原「私も何のために生きるのかの答えを知りたい一人ですが、そもそもこの問題の出どころは先生からの質問ですから、先生に教えてもらってもよいでしょうか」

カ「早くも問題の核心に近づかれたのでしょうか。まずは人の一生を考えてみましょう。人はこの世に生まれると、その向こうに死が待っています。善人も悪人も関係なく死にますが、死ぬために生まれてくると考えるのはスッキリとしませんね。でも現象は否応なく、そのようになっていますね。石原さんはこの点、いかがお考えですか」

石原「いやー、全く手も足も出ない問題です。いつもそこで行き止まりです」

カ「どなたか、良いお考えをお持ちでしょうか」

山下「今のところ、つつがなく過ごせることこそ私の人生と願っていますから、とにかく生きている間、最善を尽くして後悔のない一生を過ごせる努力をすることが人間の定めと思っています」

中村「つまり生きる条件を満たすことに毎日を生きることになりますか。矛盾に満ちた世界で後悔がない生活ができるでしょうか。私が正直に過ごせる生活を願うのは、実は人生の矛盾にどのように対処できるかを問い続けたいと思っているのです。しかし、人間は何のために生きているかの回答にはなりませんね」

カ「いやー、立派な答えになるのではないでしょうか。私は視点を変えて別な答えを提案してみたいと思います。

この宇宙を見える世界と見えない世界に区別して、もう少し考えやすくしたいと思います。

その1、見える世界そのもの、この世とも言える世界。全てに形があり、比較できる世界。人々はもっとよろこびたいと、よろこびを求めて喜怒哀楽の中に生きがいを求めて生きている世界。

その2、見えない世界。全て形はある。しかし科学の力を借りないと見えない世界。細胞、細菌、電子とか元素。

その3、さらに見えない世界、寿命の世界。生きている我々は、それぞれに運命的に生きる時間に制限がある。長生きできる人、短命な人がいる。人間以外の動物は生態があって、蝉の成虫は一週間とか、それぞれにおよその生きる時間は決まっている。それぞれの生きる時間を比較することができることにおいて時間的形があると言える。

その4、命の世界、比較対象のできない世界。影も形もないが、全ての根源。

1〜3の全ては、命が土台で存在できている。

人間は命によって生かされているのですが、まるで自分が生きているとでも思っているかのように生きている。このように宇宙世界を区分けすると、人間は、その1の世界が全てであって、見えない世界は全く関係がないかのように、満足感だけを追求していると思いますが、いかがでしょうか」

中村「そのように区別すると結構なるほどって感じますね。皆さんはいかがですか」

石原「同感ですね」

山下「えー、そう思いますね」

カ「見える世界が全てになって、そこでもっと豊かな生活を求めていますが、その裏の意識は未だ豊かではない。不満足に足を引っ張られていることになりませんか。生きている土台はすでにありますね。命そのものであることが分かると思いますが、見える世界が中心で生きていると、自分自身で土台を何とかつくろうと思ってしまうでしょう」

中村「宇宙世界を区分したら、人間の土台は命そのものだって分かりますが、すると人間は根本的な土台を考えることなく、キリのない満足感を得ようとして自分の幸福を求め続けていることになりますね」

山下「つつがなく毎日が過ごせたらそれで十分だと思っていましたが、実は不満足にしがみついていることに気が付いていないだけなんですね」

カ「いつも見える世界だけが全てですから、お互いに比較し合って生きていることが常識なんですね」

石原「それがいわゆる競争社会っていうわけですね」

カ「競争社会に支配されない生き方を求めると、『我が道を行く』もできるわけですが、結構、頑固っていうか、突っ張って意地を通すことにもなりますね」

中村「いやー、言われてみれば思い当たるところがありますね。競争は結構敵対心を煽られやすいですから気を付けないと意地になってしまうのです」

カ「競争社会は必然的に奪い合いの社会になりませんか」

石原「お金は全ての人が取り合っていますね。金持ちにはどうやっても歯が立ちませんね」

カ「残念ながら、強い者が勝ちますね」

山下「いじめがどうやってもなくならないのも当然かもしれませんね」

カ　「それは言えるでしょうね。それは同時に、人間は生まれながら土台があるってことに気付いていないことが、問題の根っこにあると思いませんか」

中村　「そうですね。おっしゃる通りだと思います。命って言葉は知っていますが、せいぜい寿命としての命しか考えることはないですね。人間の本質的な土台としての命は考えたこともありませんね」

カ　「命を土台としないで、自分の生き方だけを中心にして生きていると、社会は分裂していくことになるでしょうね」

中村　「自分中心に生きてしまうっていうか、人様のことを考える時間はなくなりますね。何とかまずは、命が人間の土台っていうことに気付くべきですね」

山下　「簡単に命って言えますが、命を理解するためにはどのように考えるのですか」

石原　「命がないと生きることができないのは改めて考えますが、山下さんと同じで、命をどのように考えるのか分かりません」

山下　「生きているだけでもありがたいと感謝することが大切なことかなって思いますが、いかがですか」

カ　「感謝の念って大切ですね。しかし、人の心は環境に支配されていますから、いつも感謝の思いが維持できるわけではありませんね。土台が心境次第で変化しては、土台には不適当ですね。土台は台風が来ようと地震が起ころうと順境にも逆境にも悠然と安定していないと。たよりない土台では困りますね。しかし『命』なら全ての土台ですから、いつも変わりなくゆるぎないのですね」

中村　「何となくは分かるような気はしますが、『命』をより具体的に捉えるのはどうしたらいいのですか」

カ　「そうなんですね。『命』を知らない人はいないのですが、影も形もない『命』を少しでも理解しやすくしようとすれば、形化しないと理解できませんね。我々人間も実は、自分という形は具体的にはありませんが、その見えない自分、我を明確にするために中村さんを借りていえば、雄太と名付けて自己を見える化したと考えることができるでしょう。『命』もつまりは見える化する必要がありますね。私は『命、よろこんでいる』を提案したいと考えていますが、いかがでしょうか。つまり『命、よろこんでいる』が人類の土台であり、同時に幸福であると思っています。なぜなら幸福は、いつも『よろこんでいる』ことが持続できなければ、単なる満足感になると思うからです」

中村「まさに究極の『よろこんでいる』になりますね」

カ「そう思っています。『よろこんでいる』を幸福ということができれば、全ての人は、もともと幸福であったということができますね、そうであれば、人々はいつも『よろこんでいる』立場から現象を判断して生きることができるようになると思います」

中村「生まれながらに幸福って言えて、いつも『よろこんでいる』ことが意識できたら、世の中の見方の全てに変化が起こるでしょうね」

カ「そうなりますね」

中村「私は正直に生きる前に、すでに幸福ってことになりますね。いつもよろこんでいると、人生は全く幸福が土台ってことではありませんか。これは、これは感動ですね」

山下「『命、よろこんでいる』が土台であれば、つつがない一日を生きる心配をする必要がなくなりますね。生まれながら幸福が決まっていれば、それが私の人生の土台っていうことですね。人生観は決まりですね」

石原「命がよろこんでいるって理解するのは、難しいのではないでしょうか」

カ「そうかもしれませんね。でも生きていることができるのは、命が土台であると言える。これは事実だと言えませんか」

石原「それはそうですね。でも、命がよろこんでいるっていうのは難しいと感じてしまうのです」

カ「天動説が常識の時代に地動説を理解するのは大変だったと思いますね。我々は地動説が常識の時代に生きていますから、何の抵抗もなく地動説を信じていますけど、その時代に生きていたら地動説を受け入れた人々に反対する側になっていたかもしれません。とにかく今日は時間ですから、これまでとして、またの機会を楽しめたらと思います。今日はご協力ありがとうございました」

中村「今日は人生観を明確にできました。私にとって一生涯の収穫でした。ありがとうございました」

山下「そういうことです。私なりの理解ですが、感謝します。ありがとうございました」

石原「もちろん私も感謝します。ありがとうございました」

カ「ありがとうございました」

12

無から有へ（考察）

「生命とは何か」は、神とは何かと考えることによく似ています。原因の原因を突き止めても、さらに先が果てしなく続いています。その研究のおかげで新しい発見があり、科学は進歩していくのでしょう。宇宙のできる前は何があったのか、無からできてきたと考える宇宙創造論が流行ってきています。科学者でも苦労しているのですから、一般庶民に分かるわけはありません。でも、何がしかの興味があって、「無」って何なんだろうって考えてしまいます。

何もないことの「無」ではなく、何かは分からないが、その何かを「無」とした発想で考えることは、仏教的思考でもあるようです。相対の世界では全てが形で満ちています。その代表が人間であるとして、その人間はどこから発生してきたのだろうと思います。旧約聖書には、「初めに神は天と地を創られた。いろいろな形を創造して最後に人間のアダムとイブを創られた」とあります。その神が、人間を最後の審判で滅ぼすというのは少々納得がいきかねますが、とりあえず、これも無から有になるということになるでしょう。

進化論では、アメーバから進化して人間になったといいます。これもまた無から有になったと言えるでしょう。もう一つは命が変化して、いろいろな素粒子へ、つまり化学変化を経て、その中で人間が発生してきたと考えることもできるでしょう。

　生まれてくる子供は、すでに次の世代の因子を持っていることになるのですが、無から有になって母体から独立し、さらに自己意識がはっきりする二歳ぐらいまでは猛獣といえます。でも、その猛獣の子供と一緒に過ごし、育てた記憶があるほど幸せでしょう。欲得の関係ない時代、本当にかわいい子の時代がありますから。

　生を受けてから本人、「私」という本質は存在していたのですが、やがて太郎とか花子とか名前を付けると、その名前が本人そのものであるかのように意識されます。いつの間にか名前を忘れると「私は誰でしょう」となり、存在感がなくなり、自分のなすべきことも分からなくなります。それほど名前が自分になるのです。

　脳は、自分の名前をいろいろな記憶と共にしっかり覚え、あらゆる現象に反応していきます。時には少し調子がおかしくなって、そこに感じる幻想にまで反応してしまいます。分かりやすくいえば、幽霊を見て恐れることもあるほどに反応します。名前を持った脳は自分として生きていきますが、その時の自分は、太郎か花子が自分と思い込んでいるということか、単に脳の反応に付き従っている盲従者と言えるかもしれません。考えたこともない人は考えられないでしょうが、脳が反応して自己意識がすぐあとから認識しているということであれば、我々は常に脳に振り回されていることになります。しかし脳と自己意識はほとんど同時で、脳に支配されていることが分からないということのようです。

本来的な自分としては、もともと名前がなくても自分は自分であるはずです。その自分が本当に私、命である私と考えることができます。

形ある相対の世界だけで生きてきた私は、形以外の無を意識したことも考えたこともないと言ってもいいぐらいです。見えない世界は、せいぜい精神論などの考え方で処理してきたと言えるでしょうか。

命を直接的に意識したり、イメージしたりすることは不可能なことです。

そのようなことができなくとも、すでに人は命で生かされており、それを土台に生きているのです。一次元は二次元の中にスッポリ入っていますが、次元の違いは超えられないので、一次元の世界から二次元の世界は見ることはできないのです。三次元、四次元は人間の世界と考えられ、はるかかなたの命の次元にはスッポリ入ってはいますが、全く見えない、感じない状態です。でも命は直接あなたに、私に生きています。

地球の自転でさえ、こんなに明確に形があり、一日二四時間に一回転するほど、ものすごいスピードで回っていますが、信じないと納得いきません。まるで宗教のように信じる形になります。でも信じなくても、地球は公転して自転しています。宗教は人間が信じなくては成り立ちませんが、宇宙は信じなくても現実に存在して活動しています。そして、その全ての土台が「命」ということです。その命が私に形化したということです。奇跡ということかもしれません。

今全く分からない、影も形もない「命」が何とか自分化できたらどんなにか世界は変わるかと考えたことはあるでしょうか。「命」を生きているだけでなく、「よろこんでいる」と理解すれば、私はいつも「よろこんでいる」が分かるのです。

寝ていても起きている時も一日二四時間三六五日、いつもよろこんでいる、いつも絶対幸福で生きているのです。しかし「命、よろこんでいる」とは、見えない、感じない、異次元の存在です。我々は意識する必要があります。本来的にもともと「命、よろこんでいる」幸福は変わりませんが、「命、よろこんでいる」と言葉にして唱えるかのごとく意識するのがいいのです。そうしなければ感情に支配されている脳は現象に反応し、悩みや心配、ねたみ、そねみ、こだわりに意識はとられ、まるで幸福でない。時には「世界一不幸でみじめな自分」と思うことさえあります。そんな時こそ、意識を高めて、「命、よろこんでいる」と心が温かくなるまで唱え続けましょう。幸福である自分を取り返すことができるでしょう。

しかしこの世界、見える形の世界が中心であることには変わりがありません。それは我々の体、この肉体も形であることは事実です。分かってはいるけれども、その日まで生きてきた経験は役立つこともあり、足を引っ張るただのマイナス思考に陥ることもあるかもしれません。こんな悩みのある時に、「命、よろこんでいる」なんて言えるかって、怒りを覚えてしまうかもしれません。しかし怒っても怒鳴っても泣いても、悩んでもあきらめても、何の解決にもなりません。手の出しようのない問題が起こった時は、ひたすらに「命、よろこんでいる」を唱えてじっと待っていることが一番の解決策です。ただ待つだけでは、それはそれは大変な苦しみになりかねません。

しかし、「命、よろこんでいる」を唱えていると楽しくなってきて、待っていることが楽しくなります。「命、よろこんでいる」からです。

歴史は満足感を軸にして回転しています。限りなく果てしない満足を求めて人間は生きています。発展しているように見えていますが、人類は最終的には終わりへと向かっています。

満足感を幸福の対象にしていると、人々は自分の幸福にこだわりますから、より大きい満足感、人よりも自分の満足感が満たされてこそ幸福と思ってしまうのです。満足感というものは、そのほとんどの場合、考え方で決まるものです。羞恥心、嫌悪感、感謝感激、嫉妬心、優越感、達成感、幸福感……全ての人は自分の考えを持っていますから、同じ発想はしません。ある人の羞恥心は、違う人には嫌悪になるかもしれませんし、嫉妬心になるかもしれません。全ては比べられるので、考え方で簡単にひっくり返るのです。そんな中で、幸福を確信することはできません。もし確信しているという人がいるとすれば、きっと自己満足をしているのかもしれません。

歴史が繰り返されるのは、満足感には上には上があり、下には下があるからです。

つまりは上が下にもなり、下がいつの間にか上になるからです。そして満足感は、知らぬ間に自己中心的な人間を育てていくのです。競争の社会は力の世界です。アメリカファーストです。そして、世界中が自国ファーストになっていくでしょう。しかし最後は、力がそれを証明します。その時は世の終わりという時代でしょう。

「命、よろこんでいる」は無から有へ、つまりは創造そのものですが、満足感は競争と力そして奪い合い、それから戦争と破壊へと繰り返して最後へ向かうのです。

目に見える現象だけの世界を中心に生きていると、現象だけに意識は向いて自己中心になります。もっと先の将来が考えられるようにならなければ、良い政治家を選ぶことができなくなります。甘い水を飲まされてよろこんでいると糖尿病になって、手足にダメージがあるかもしれません。でも「命」は絶対公平で、全ての人に「命、よろこんでいる」は成立しています。気付くだけで、絶対幸福が体験できます。

13

確かな土台

カ　「人生観とは、『人間の生き方や生きることの意味に関する考え、人生の価値、目的、態度などについての考え』と辞書にあります。さてそこで、あなたの人生観についてお話ししていただくとすれば、どんな人生観になるでしょうか」

下川　「三〇人ほどの人たちに働いてもらっている工場を経営していますから、毎月製造される製品が問題なく本社に収められて、その製品が問題なく販売されていく。そして、それらがさらにより良い発展につながっていくことを願いますね。そのことが苦労といえば苦労ですが、働いてくれている皆さんが機嫌よく働けるためには何をすべきかと考える毎日です。そのことが私の人生観と言えるでしょうか」

カ　「会社を経営するということは、人々に仕事を提供することによって社会を支えていることになるでしょうから、永続的に続けるだけでも大変なことですね」

下川　「自分の大切な時間を私の会社に提供していただいていますから、働き甲斐を感じていただく価値を創り出す苦労は当然、私にあると考えています」

カ　「それは素晴らしい人生観になっていると言えるのではないでしょうか」

伊藤　「私はサラリーマンで、毎日同じ時間に起きて、毎日同じ会社へ、同じ交通機関を使って通っています。時々は同僚と仕事帰りに一杯飲んで、一日あったことなどを話してストレスの解消にしている生活が私の生き方ですけど、人生観の一つと言えるでしょうか」

カ「人生観は様々ですから、いろいろあるのが当然ではないですか。それぞれに自分の人生観が気に入っていると楽しめるのではないでしょうか」

石田「私は契約社員で働いています。完全な歩合制なんですね。だから、いかに能率よく仕事ができるかが毎日勝負になるんです。でも、とりあえずは安定的な状態をどうやって確保できるかが課題なんです。ですから、私の人生観は目標達成が中心になるでしょうか」

下川「石田さん、お仕事は何をしているか、お聞きしてもいいですか」

石田「楽器の好きな高齢者のグループを作って、楽器を楽しむ指導をしています」

下川「高齢者の皆さんはきっと楽しく練習しているでしょう」

石田「と思います。でも高齢者の集まりですから、他人と一緒に音を合わせるのは結構、苦労なんですね」

下川「分かります。私の親も高齢者なんです。結構苦労させられています」

カ「日常生活で、ご自分の人生観を明確にするのは結構、考える工夫が要ると思いますが、いかがでしょうか」

伊藤「生きている意味を考えるだけでも結構時間が要るように思いますね。生きている意味は、本当のところ何なんでしょうか」

下川「自分が生きていることで社会にどれほど、利益をもたらしているかを考えることではないですか」

石田「高齢者になると、世界は自分のためにあるとでも思っておられる方がいるように思いますね。経済的に豊かで健康に恵まれていると結構、発言力があるんですね」

下川「高齢者になると自分のことしか考えなくなるのは自然ではないでしょうか。でも、一生現役でありたいのも分かりますね。石田さんのような若くて美しい女性に楽器の扱い方を教えてもらえたら、お年寄りも元気が出てくるのではないでしょうか。当然、医療費への好影響が期待できると思いますね。社会への貢献と考えられるでしょう」

石田「ありがとうございます。そう言われると、私の生きがいも出てくるということになります」

カ「良かったですね」

伊藤「社会的貢献度が乏しいと考える自分は、生きる意味を考えるのは少し難しくなりそうですね」

カ「人口の数だけ人の生き方があるはずですから、人生観もそれに従っていろいろあるでしょうね。人生観の違いは、その人の幸福観によっても違ってくるでしょうから、幸福のあり方が社会のあり方になるでしょうか」

下川「国際的に考えれば大国同士はなかなか仲良くなれないし、ましてや人類は、戦争のない平和な世界で仲良く関わっていきたい希望はあるけど、損得がいつも気になってうまくいかないようですね」

カ「人生観の土台は何かで、人生行路は違ってきますから、まずは土台は何か、はっきり分かっていることが大切ではないでしょうか」

伊藤「そうしますと、人生観を考える前に、自分の生きる土台をまず見つける方が大切ということですか」

カ「自分の生きる土台が何かということが分かれば、人生観はそれに従っていけるのではと思いませんか」

伊藤「土台は何かということが明確であれば、人生観がそれに従っていくとすれば、土台は基本的に決まっているということですか」

カ「本質的には決まっていると思いますね。人間も動物も満足を追求することだけに生きていると思いますが、人間は欲望を刺激にしていますから欲望のハードルは高くなりますね」

伊藤「世界はますます競争が激しくなるということですね」

カ「そういうことですね。競争社会では強いものが勝つのが常識ですね」

伊藤「弱いものはますます、生きるだけでも困難になりますね」

カ「将来が大変になることが見えていますね。満足感の追求の結果が、それを生み出しますね」

下川「自己防衛は人間の本能ですが、他人を当てにせず、自分で守らないとなりません。ですから国の防衛も当然、同じ発想が必要ですね。戦争すれば、どれほどの破壊と損失が出るか計り知れないとは分かっているのに、同じ歴史の繰り返しになるばかりですね。仕方ないということですか」

カ「そうですね。満足感の追求のみに生きる人生観が生み出す結果ですね」

石田「私たち若い世代が社会の流れに引きずられているだけですね」

カ「そうかもしれませんね。アメリカでは、自分は自分で守る権利があると言っているようですが、自己防衛は絶えず周りの危険に注意が必要ですし、危機管理力が求められますね。結果、アメリカは銃社会から抜け出せない憂き目にあっているということができるでしょうか。でも、人生観は個人的なものですね」

伊藤「先ほどの土台の話ですけど、人生観を左右するほどの土台は何ですか」

カ「動くような土台は、土台とは言えないと思います。いついかなる時も安心していられる土台が条件になります。幸福がしっかりしていれば、満足感に振り回されずに満足感を楽しむことができるということになると思います」

伊藤「幸福とは満足することではない、ということですか」

カ「そうです。満足は刺激を楽しむものです。それだから不満足が絶えず満足させないのです。幸福と不幸という言葉が、満足感と不満足という言葉と混ざって幸福が何か決められなくなっているのですね。幸福は完全満足と言ってもいいようには思いますが、次元が違いますから幸福は満足感とは全く違うと考えるべきでしょうね」

伊藤「満足感と幸福は全く違うということですけど、この世に生まれて考えたことがない内容ですから、具体的に教えていただかないと分かりませんね」

カ「いきなり幸福とは、と切り込むとなじめないかもしれませんので、幸福と言えるための条件を考えてみましょう。

その一として、全ての人が共によろこべる幸福でなければなりません。世界中にたとえ一人でも不幸という人はいないということです。つまり、『あなたの幸福は私の幸福』と言える幸福が真の幸福と言えるでしょう」

伊藤「全人類が共に同じ幸福でなければならないなんて、不可能なことではありませんか」

カ「ですから、全ての人が幸福と言える幸福は何かということです。
　その二は『いつもよろこんでいる』ができなければなりません」

石田「そんなことあり得るのでしょうか。世の中、競争が激化しています。今の時代は幼児から勉強させる必要があります。教育費も借金して塾通いさせて、お金に追われている人が大勢います。いつもよろこんでいる幸福など考えられないと思いますが」

カ「それを可能とする幸福でなければ、幸福とは言えません。
　その三は『無条件』です。地位身分、生き方、善人、悪人も全ての人が幸福であるべきです。たとえ悪人でもです。悪人が幸福を生きれば、変化できるからです。全ての人が幸福であるということです。
　その四は『考え方に依存しない』。人間は考える動物と言われていますが、考え方で幸福と不幸が簡単に変化します。精神論と物質論が対立したり、手を取り合ったりして都合をつけることができますが、それらは満足感の発想です。考え方に関係がないということは、もともと幸福は決まっているということになります。さてこれらの条件を満たせる幸福とは何が考えられるでしょうか」

伊藤「我々は満足感の延長線上で幸福を考えてきましたから、その思い込みからは簡単に脱出できないような気がします。現時点で満足感を思いっきり楽しんでいる人たちは、それが幸福と思い込んでいて、それで十分と満足しているのではないでしょうか」

カ「そうなんですね。生き方はその人の生きる権利ですから、とりあえずそのことは別に考えるとして、人類共通の幸福があるということが分かるだけでも、人生観を見つめ直す何かきっかけになると思いますけど」

石田「そうですね。満足感は自己中心に傾いていきますから、競争が激しさを増していくわけですね。だから格差社会や富の独占を問題視しながら、何もできない悔しさだけが残るわけですね」

カ「良い視点ですね。皆さんがそのように考えられたら、犯罪も戦争も自然になくなると思いますね」

石田「あら、私は大変な問題を指摘したっていうことですか」
下川「その通りです。日本の未来も期待できそうですね」
石田「そう言われると、うれしくなってしまいます」
伊藤「先ほどの四つの条件を満たせる幸福って何があります。考えられないですね」
カ「考えたことがないことだと思いますから、まずはご自分たちの常識をとりあえず棚上げして考えてくださいね」
石田「なんだか、わくわくしますね」
カ「どんな満足感を持ってきても、四つのうちの一つを満たすことができません。しかし『命』なら、全てを満たすことができます。我々は生きていることを意識することができますが、実は生きている命のおかげで、あらゆる活動ができているわけです。その活動を、生きていると意識しているでしょう。
　食事をする時、口にごちそうを入れる。するとその食物がおいしいと感じる。もっと食べたいと欲求が起こるかもしれない。そのように感じたり、考えたりできるのは生きている命によるものですが、我々が意識するのは、生きていることによって生じる反応を『生きている』と意識していますから、『生きている命』は意識していないのです。見える世界の中で見える、感じる、五感で感じる世界が全てになっていますから、見えない世界は知っています。はるかに大きい力、その現実は確かだとは知っていますが、五感を超えているために常識外になっていいます。地球が自転していることも、反応を生きているのも、勘違いはしていますが、それらは皆、事実ですね。命によって生きているのも当然現実です。

しかし命は、生きているというこの事実を実感させません。どうやってうまく生きていけるかとは考えていますから、その生き方が生きているという意識になっています。単なる『命』という言葉を知っているだけで、生きている事実、『命』を意識することはありません。

しかし『命、よろこんでいる』と唱えることができたらどうでしょう。命を自分と感じることができるように、我々は少し自分の満足感から離れる必要があると思いますが、いかがでしょう」

伊藤「確かに考えなければならないことですね。満足感ばかりの追求が人生になっていますから、これは何とか幸福をしっかり考える時ですね」

石田「『命、よろこんでいる』と唱えることで、幸福を意識できるということですね」

カ「最初は少し意識する努力が要りますが、慣れると結構楽しいものですよ。人間の脳は結構無駄なことを考えて悩んだり苦しんだりしているものです。そんな時間があるなら、『命、よろこんでいる』を唱えていることができれば、結構時間が解決してくれますから無駄なストレスに悩まされないですみますよ」

石田「本当ですか。それならいつも『命、よろこんでいる』を唱えているようにしたらいいですね」

下川「若い人は頭の切り替えがすぐできるというのは強みですね。私も頑張って人生観を変えてみましょう。ありがとうございました」

全員「ありがとうございました」

カ「世界が幸福に気付けるようになると素晴らしいですね。ありがとうございました」

14

幸福とは

カ　「今日は幸福について話し合えたらと思います。
人類は幸福とは何かと、歴史的に長い時間をかけて考えてきましたが、未だ共通認識には至っていません。個人的には自分は幸福と信じておられる人はいますが、全ての人が幸福であるということにはなっていません。あなたの幸福は私の幸福です、と全ての人がお互いに幸福をよろこび合えるまでは幸福ではありません。何か良いお考えがありましたら、ご意見をいただけたらと思います」

岡田　「あなたの幸福は私の幸福ということであれば、あなたの幸福と私の幸福は同じだということになりますか」

カ　「はい、その通りです。全ての人に『あなたの幸福は私の幸福』と言えなければ、幸福とは言えません」

岡田　「全ての人が全く同じ幸福という意味ですね」

カ　「はい、その通りです」

岡田　「自分だけの幸福でも大変ですのに、人類共通の幸福があり得るのですか」

カ　「一般的な常識では、幸福は一人一人違っています。しかしその違いが、社会の根本的問題の種になっていると思いませんか」

岡田「一人一人の幸福が違っているのが当たり前だと私は考えていましたが、違いが社会の根本的な問題の種とはどういう意味ですか」

カ「山本さんは一人一人の幸福の違いに問題を感じませんか」

山本「何を問題にするかということを、考える必要はあると思います。しかし今まで幸福は個人的なもので、当然違うものだと考えていましたので、問題があるかないかの質問には答えかねます。今言えることは、全員同じ幸福となると、何が楽しいのかが分からなくならないかということです」

カ「良い疑問を持たれたと思います。幸福は共によろこび合うことです。そして満足感は、共に楽しむことができるが、争い合う方が多くなります。お互いに比べることで満足度を図るからです。石川さんはどのように考えられますか」

石川「幸福と満足感を別々に分けるということですか」

カ「同じだと思いますか」

石川「今まで同じだと考えていました」

カ　「世界も国も社会も家庭も、悩み苦しみ、犯罪、テロ、戦争が尽きない原因は、全ての人の幸福が違うところが原因とは思いませんか」

石川「競争があるおかげで、社会は進歩発展しています。これからもさらに進歩が期待できるでしょう。それはもっと幸福でありたいと願う欲望がかきたてられるおかげだと思います」

カ　「確かに欲望のおかげで、人々は競争に参加して、より大きい満足感を求めて進歩発展が成し遂げられますね。しかし全て相対の世界は裏と表があるように、便利さと豊かさの裏には犯罪や戦争がさらに大きい禍になりませんか」

岡田「確かに全人類の一人一人の欲望通りに任せたら、この地球上は滅茶苦茶になることは分かります。つまりは満足感の違いが問題の種であることは分かります。幸福を求めて、その結果が地球の破壊につながるなら幸福の意味が消えてしまいますね。幸福と満足感の違いが分かりました」

山本「世界は未だに幸福を明確にできないから、満足感と混同しているということですね。私もその一人でしたが、今日初めて区別できました。幸福の違いから起こる問題も考えられるようになりました。ありがとうございました」

石川「幸福と満足の違いをどのように区別するかが問題になりませんか」

カ「そうですね。幸福は比較とか争いは、まずあり得ませんね。全く同一ですから、あなたのよろこびは私のよろこびになります」

石川「満足感では同じよろこびにはなりませんが、幸福はなぜ同一になるのですか」

カ「先ほど、幸福が同一でなければ人は争いの種にしてしまうことは分かっていただいたと思います。満足感は違いを楽しむことができますが、利益を相反することが生じると争いや殺し合いが発生してしまいますね。それは社会や世界の出来事を見ても、絶えず起こっていることが分かるでしょう。人は誰でも、どうしたら満足感を得ることができるかと不満足感に悩まされているといえるのではないでしょうか。満足感の奪い合いで争いになれば、自然淘汰の法則では、強い側が残っていく仕組みになっているようですね。生き残りのためにも、どれほどの気苦労をしなければならないことでしょう」

石川「幸福を明確にできたら、歴史的発見ということになりませんか」

カ　「そういうことが言えるかもしれませんね。少なくとも、全ての人が同じ幸福であれば、いつでも『あなたの幸福は私の幸福』と言える幸福は何か、それさえ分かれば良いわけです。どんな幸福が、全ての人々が同じ幸福と言えるものかが分かれば良いわけです。しかも、いつでもどんな状態でもよろこんでいると言える幸福でなければなりません」

石川　「どんな時でもよろこんでいることなど考えられませんが、先生がそのように言われるのですから、何か明確な根拠があるわけですね」

カ　「幸福ということは何か良いこと、楽しいこと、めでたいことがあって、そのおかげをよろこぶことが一般的な幸福であると思いますが、それは個人的な幸福であり、満足感であることが分かりますね。生まれながら全ての人は幸福です。どんな状態であっても、どんな心境であっても関係なく、心配せず、絶対安心して、いつもよろこんでいるのです」

カ　「気分や状態と無関係に存在している。そして全ての人が完全公平に関わり合っているのは『命』だけであるということです。ところが現象の世界だけに生きている人間は、何か満足できることはないかと満足できる材料ばかりを求めて生きていますから、命など意識することはないと思います。いつも満足が欲しいと欲求していますから誘惑されやすく、欲望は高まり、悪の道も欲望を満たすために求めてしまうことにもなります」

石川「命と言われていますが、命が幸福という意味ですか」

カ「その通りということになりますが、生まれて初めて考えることでしょうから、もっと明確な説明が必要でしょうね」

石川「お願いします。命がどうして幸福と言えるのでしょうか」

岡田「生きているだけでもありがたい幸福だと考えたら、命のおかげで生きていることが分かりますから、命が幸福と考えることになりますか」

カ「精神的な方向から考えたらそれは成立しますが、幸福は、考え方は関係ありませんから、おかげ様発想はしません。命は全ての原因であり、土台ですから、人が生きている原点と言えるでしょう。命が形になって新生児として我々はこの世に形をもって誕生してきましたが、気が付けば自己を意識できるようになるに従って、全く命など意識することなく、満足を求めるためだけに生きています。命に全く形がなく、感覚器に響かないからでしょう。しかし命は変わりなく、今も私を生きています。その全く分からない影も形もない命を、どうしたら意識できるでしょうか。『命、よろこんでいる』と言葉にして唱えてみてはいかがでしょう。それこそが幸福である自分を確認する作業になります」

石川「つまりは『命、よろこんでいる』と言うことが幸福ということですね」

カ「石川さんはどのように考えられますか」

石川「いや確かに『命、よろこんでいる』が幸福であれば、もともと幸福だということが言えますから、それに気付けば良いわけですね」

カ「そうですけど、幸福である自分を意識するために『命、よろこんでいる』と素直に唱えることができるでしょうか」

石川「いや、こんなことは生まれて初めて考えることですから、大変戸惑いましたけど、そのように考えないと幸福である自分を生きることはできませんから、私は今日幸福であると決心しました」

岡田「『命、よろこんでいる』を幸福と信じて唱えるのもありですよね」
カ「もちろん、それで十分ではないでしょうか」
岡田「ありがとうございます」
山本「今日まで、どうにかしてもっと満足したくて欲望に従って生きてきましたが、逆に不満足に悩まされて生きてきたようなものですね。今日からは『命、よろこんでいる』を唱えて幸福を生きることに決めます」
カ「世界の人々が素直に『命、よろこんでいる』幸福に気が付いてくれたら、世界はもっと気楽に生きられるでしょうね。今日は皆さんご協力ありがとうございました」
全員「今日は人生観を変えることができました。本当にお礼を言わなければならないのは私たちです。ありがとうございました」

「命、よろこんでいる会」の希望

旧約聖書では神は人を神に似せて創ったとあります。
神様に似ている人ってどんな人なんでしょうか。

たいていの人は自分の気に入るように生きようと、良い悪いは別にして満足感を追求して、その欲が満たされることを幸福と思っているようですが、それは神が人に望んだことでしょうか。この世では犯罪や戦争が絶えませんが、旧約聖書も同じような出来事の繰り返しですから、神が人を公平に創ったという証明はできません。
神の創造（製造物責任）の責任をぼやいても仕方ないですね。

いろいろな形のある世界ですから、他と比べることができます。他と比べれば、善悪や才能や寿命の違いはあって当然です。

形の世界は極大から極小へ、そして寿命、見える世界から見えない世界に行き渡っていきます。現在から過去へ遡っていくと、全ての数は減って最初の一つになり、さらにゼロになるでしょう。そして「無」になる、「無」が何かは分かっていませんが、「命」なら、全ての「生きとし生けるもの」は同じ命になります。寿命をいただいて生きていますが、命を見た人はいませんから、命を証明することはできません。「生きている」ことを「命、よろこんでいる」と意識して常によろこんでいれば、全ての活動が始まります。そして「いつもよろこんでいる」ことこそが、幸福ということであれば、すべての人類は同じ幸福であり、幸福を求めれば人類は互いに近づき合い、共によろこんでいると、通じ合えるでしょう。満足が土台の幸福は奪い合い、たたき合い、離れていきます。

人々は、どうにかして仲良くしようと考えるより、「もともと仲良しだ」と考えるほうが、幸福は分かりやすいでしょう。

「命、よろこんでいる会」は共に「命、よろこんでいる」を意識することで不必要な悪い思いに支配されることのない幸福な自分を生きるグループです。共に農業など助け合える社会を創る活動を心がけています。参加者を求めています。

おわりに

人類社会は、より良い幸福を求めて競争をしているとみることができます。しかし、より良い幸福はより優れた便利さを求めており、より大きい満足感を求めています。人間は毎日、より利己的になるように環境に支配されていますが、気付かないままに影響を受けています。歴史的には未だ明確になっていない幸福を明確にすることは、少々出過ぎたことではないかとある種の畏れは感じています。しかし幸福がそれぞれに違うことによって、世界中は共によろこび合うことができません。だからお互いに、とてつもない破壊殺人兵器を持ちきれないほどに持ってしまうのでしょう。破壊することしかできない兵器に、世界中の貧困を救って有り余るお金を当てていることに何も不思議さを感じないのでしょうか。満足感の幸福は、自分だけ良い気分になればそれが幸福という形になります。怒る練習、疑う練習、欲張る練習、不満を育てる練習をする代わりに、「いつもよろこんでいる」練習をすることに変えたら、世界は変わります。それが「命、よろこんでいる」と唱えることです。まず自分を変えることから、世界を変える運動に参加しませんか。

なおこの書の校正にご尽力してくださった皆様や出版にご協力してくださった河本公夫様、村上武明様、高松慎吾様、広岡美津恵様、和田憲隆様、下条隆生様方々のおかげにより、この度の出版ができましたことを心から感謝する次第です。

著　者

著者プロフィール

神野 表次（かみの ひょうじ）

大阪市在住。
牧師、カウンセラー。
命よろこんでいる会・代表。
人体科学会学術会員。
日本トランスパーソナル心理学／精神医学会会員。
シンセイカウンセリングセンター所長。
清風学園顧問カウンセラー。
著書：『命、よろこんでいる』（2014年、文芸社）

いつもよろこんでいるために

2020年3月15日　初版第1刷発行

著　者　神野 表次
発行者　瓜谷 綱延
発行所　株式会社文芸社
〒160-0022 東京都新宿区新宿1－10－1
電話 03-5369-3060（代表）
03-5369-2299（販売）

印刷所　株式会社暁印刷

ISBN978-4-286-21092-6